Du Lycée Ed Herriot

à

E. O. Smith.

Meilleur Souvenir

Échange 1996.

Couverture : 1, 3, ph. © Archives Hatier ; 2, ph. © Hubert Josse.

© Foma. 5 Continents CH. 1020 Renens. 1985
I.S.B.N. 2.218.01404.1
Dépôt légal : 95-02-114 septembre 1995

Geneviève Duroselle et Denys Prache

Les Rois de France

Ils sont tous là. Ils nous regardent et nous racontent quatorze siècles d'Histoire de France.

Nous connaissons — ou reconnaissons — la plupart d'entre eux. Des traits, physiques ou de caractère, des faits remarquables ou des détails sans importance nous ont rendu leurs images familières. Le « Bègue », le « Bel », le « Gros » trouvent leur place dans notre mémoire au milieu des « Hardi », « Hutin », « Sage », « Pieux » et « Prudent ». Comment ne pas reconnaître Louis XI à son feutre et Henri III à la boucle qu'il porte à l'oreille ?

Mais les autres ? Furent-ils oubliés par erreur ou parce que nous n'avons d'eux aucune image ?

Il fallait l'audace de certains grands artistes du XIXe siècle pour imaginer les rois qui ne furent jamais représentés et nous en donner un visage. La couleur vient aujourd'hui « couronner » leurs efforts.

Tous sacrés, sauf les premiers et deux des derniers (Louis XVIII et Louis-Philippe), souvent admirés (le « Grand », le « Roi-Soleil »), rarement bien aimés (Charles VI et Louis XV), trois d'entre eux assassinés (Childéric III, Henri III et Henri IV), parfois chassés, un seul guillotiné, les rois de France ont connu les destinées de ceux qui ont la responsabilité du pouvoir.

La longueur de leur règne est-elle liée à leur renommée ? Certes non, mais quelques-uns ont pu nous le faire croire : Charlemagne, Philippe Auguste et surtout Louis XIV. Après son règne de soixante-douze ans — record absolu pour un monarque absolu — il dut sembler naturel que ce roi fût devenu immortel ! La France refusa que son Soleil se couche, que son Souverain théâtral quitte la scène de son Histoire. Alors, au moment fatal, on lui fit croire à un lever de rideau et elle put entendre frapper les trois coups règlementaires :
Le Roi se meurt ! Le Roi est mort ! Vive le Roi !

Les Egyptiens eurent des rois-dieux aux royaumes de sable, donc sans frontières : ils embaumèrent leur corps pour l'éternité au plus profond de la terre. Pourquoi les Français voulurent-ils que leurs rois soient seulement des hommes, même si leur pouvoir, comme ils l'affirmaient, venait de Dieu et que l'un d'eux, Louis IX, fut envoyé par l'Eglise au royaume des cieux ? Parce que le royaume de France est fait de terre, de roc et de mer, parce qu'il a des frontières... et que les rois durent se battre pour les maintenir ou les agrandir, par des batailles ou des mariages.

Les frontières étant bien établies, l'histoire des rois est un peu tombée dans l'oubli.

En allant à la rencontre de ces rois du royaume de France, aucun risque pour nous de tomber dans l'escalier d'une nécropole froide et obscure ni de monter les marches d'un inaccessible sanctuaire. Ils nous attendent dans une longue galerie, peut-être celle des Glaces. Là, le plus petit d'entre eux peut encore envoyer son image, le temps d'un reflet. A nous d'ouvrir la porte et les yeux. A nous de découvrir, sans indulgence mais avec reconnaissance, l'Histoire de la Royale France.

Au tout début de l'Histoire de France,
la durée de certains règnes
et les dates d'événements importants (naissance
ou mort, mariage ou sacre) restent inconnues.
D'autres sont encore discutées.
Le nombre et le nom des premières épouses royales
ainsi que ceux de leurs enfants ne sont pas toujours
connus avec certitude.

Les illustrateurs du siècle dernier ont souvent laissé
leur imagination dépasser la réalité :
ils nous invitent ainsi à des sacres dans des
cathédrales qui n'étaient pas encore construites
quand ils y furent célébrés !
L'esprit, à leurs yeux, devait l'emporter sur le trait
et l'Histoire sur l'histoire.

Les portraits des rois et les grandes scènes de leurs
règnes ont été gravés par les plus grands artistes du
XIXe siècle, comme Gustave Doré, Philippoteaux,
Emile Bayard et Yan d'Argent.

Les cartes et les arbres généalogiques sont de l'atelier
Graffito.
La nouvelle maquette a été confiée à Edipage.
Les biographies des rois ont été écrites
par Geneviève Duroselle.
Les légendes sont de Denys Prache.

Les pages de garde représentent :

— LE COURONNEMENT DE CHARLEMAGNE
par le pape Léon III,
dans la basilique de Saint-Pierre,
à Rome, le jour de Noël de l'an 800.

— L'ENTRÉE DE HENRI IV À PARIS,
le matin du 22 mars 1594.
Le gouverneur de la ville
lui a ouvert la Porte Neuve.
Il se rend à Notre-Dame,
aux cris enthousiastes de « Vive le Roi »
pour entendre le Te Deum,
chant de louange et de remerciement à Dieu.

SOMMAIRE

$\frac{481}{751}$ LES 17

MÉROVINGIENS

Mérovingiens, « *descendants de Mérovée* »... *ainsi se dénomme elle-même la famille de Clovis, du nom d'un ancêtre légendaire, tenu pour avoir des pouvoirs magiques. L'extraordinaire conquête de la Gaule romaine par Clovis, petit roi d'une tribu de Francs, installée à Tournai, n'a-t-elle pas en effet, quelque chose de magique ? En trente ans, Clovis s'empare de tous les territoires restés romains, entre la Somme et la Loire, et des régions aux mains des envahisseurs « barbares », Francs ripuaires, Alamans, Burgondes, Wisigoths. Plus que ses victoires militaires, son éclatante conversion au christianisme, dans la cathédrale de Reims (et il est le premier roi barbare à se convertir), lui vaut l'appui et la fidélité des nobles qui rêvent d'un grand royaume chrétien en Gaule : le « Royaume des Francs » est né, presque la France actuelle, avec sa capitale, Paris. L'empire byzantin lui-même, héritier du grand empire romain chrétien de Constantin, reconnaît Clovis comme seul roi.*

A l'exemple des Romains, les Mérovingiens se donnent une loi, la Loi salique, du nom des Francs Saliens, peuple de Clovis.

Cette loi causera leur perte : elle permet, en effet, aux fils du roi de se partager son royaume. C'est ainsi que le territoire de Clovis est, en trois siècles, découpé maintes fois et de façon désordonnée. L'histoire des souverains mérovingiens n'est qu'une longue suite de querelles familiales. La plus célèbre est celle de deux reines sanguinaires, Frédégonde et Brunehaut.

Deux fois pourtant, l'unité sera retrouvée : sous Clotaire Ier, puis sous Clotaire II et Dagobert Ier. Le règne de ce dernier est la période la plus brillante de la royauté mérovingienne. Après sa mort, les querelles reprennent, affaiblissant définitivement le royaume. C'est l'époque des « Rois Fainéants ». Fainéants, parce que las d'imposer leur autorité, ils se laissent déborder par l'ambition de leurs serviteurs, les Maires du Palais, sorte de ministres, qui se font payer leurs services en terres, se taillant petit à petit une part du royaume. C'est l'un d'eux, Pépin, fils de Charles Martel, qui, avec la bénédiction du Pape, et malgré sa peur de la « magie » mérovingienne, s'empare du trône, pour y installer la dynastie carolingienne.

ARBRE GÉNÉALOGIQUE DES MÉROVINGIENS

THIERRY IV
721-737
16

CHILDERIC
III
743-751
17

DAGOBERT
III
711-715
14

15

CHILPERIC
II
713-720

CLOVIS
IV
690-695
12

CHILDEBERT
III
695-711
13

CLOTAIRE
IV

DAGOBERT II

CLOTAIRE III
657-670
9

CHILDERIC II
670-673

THIERRY III
673-690
10

11

SIGEBERT III

CLOVIS II
639-657
ép. Bathilde
8

DAGOBERT Ier
629-639
7

CARIBERT
† 632

CLOTAIRE II
584-629

CHILDEBERT
† 595

6

5

Les 2 aînés tués
par leurs oncles

CLODOALD
(St Cloud)

CARIBERT
561-567

GONTRAN
† 593

CHILPERIC Ier
ép. Audowere,
Galswinthe † 568,
Frédégonde † 597

SIGEBERT
ép. Brunehaut † 613

4

THIERRY Ier

CLODOMIR

CHILDEBERT Ier
511-558
2

CLOTAIRE Ier
558-561
3

CLOVIS Ier
481-511
ép. X..., Clotilde
1

CHILDERIC

Les dates sont les dates de règne
sur le royaume de Neustrie (Paris)

(lire de bas en haut
et de gauche à droite)

12

CLOVIS Iᵉʳ

👑

481-511

Fils de Childéric et de la reine Basine, il est roi à quinze ans. Il commence par détruire les derniers camps romains, à la bataille de Soissons, en 486. En 496, il vainc les Alamans à Tolbiac. Il fait ensuite la guerre contre les Burgondes, puis il s'allie avec eux et attaque les Wisigoths qu'il écrase à Vouillé en 507. Il reçoit le baptême en 496, à Reims, sans doute des mains de Saint Rémi et à la demande de sa femme Clotilde, une princesse burgonde chrétienne. Sa vie est relatée par Grégoire de Tours, évêque et historien, et par le poète Fortunat. Ils le décrivent comme un grand roi juste et très chrétien, mais c'était aussi un guerrier très brutal, avisé en politique qui n'hésitait pas à détrôner ses voisins par la ruse et la perfidie. En 511, il réunit un concile à Orléans et meurt la même année à Paris. Il est enterré à Sainte Geneviève.

LE BAPTÊME DE CLOVIS DANS LA CATHÉDRALE DE REIMS.
Le baptême de Clovis est le résultat d'une promesse faite à sa femme, Clotilde, ou plutôt au Dieu qu'elle adore, le Dieu des Chrétiens. Près du Rhin, Clovis est en difficulté devant les armées des Alamans, ces peuples germaniques qui rêvent de s'installer en Gaule. Il promet à Dieu que s'il gagne, il croira en lui. Après sa victoire, il accepte le baptême qui le fait entrer dans la communauté chrétienne. L'évêque Rémi officie dans la cathédrale de Reims : le roi, debout dans la piscine baptismale, reçoit l'eau sur sa tête nue. Ce jour-là, la royauté s'incline devant le Roi d'un autre Royaume. Elle conservera cette soumission jusqu'à sa fin et les évêques de Reims, depuis ce jour, auront le privilège de sacrer les rois de France. *Nuit de Noël 496.*

L'HISTOIRE DU VASE DE SOISSONS : un vrai casse-tête !
Le Roi est un chef de guerre. Son pouvoir n'existe qu'au combat, face à l'ennemi. Ses soldats peuvent en dehors de la guerre s'exprimer librement, mieux, l'humilier ou le punir. Ainsi Clovis réclame-t-il un jour le plus beau vase pris à l'ennemi, le gallo-romain Syagrius, comme si c'était son dû. Un soldat lui refuse ce privilège d'étrange façon : il le lui donne en le jetant à ses pieds de façon qu'il se brise. « Ainsi en a voulu le sort », ajoute-t-il. Mais Clovis a bonne mémoire. Un an après cet incident survenu à Soissons, il passe en revue ses troupes et, s'arrêtant devant le soldat rebelle, il remarque quelques défauts dans sa tenue et lui fracasse la tête d'un coup de francisque en lui disant : « Ainsi as-tu fait au vase de Soissons ». Clovis, par ce geste, impressionne son peuple. *486 - 487.*

CHILDEBERT Ier
👑
511-558

CLOTAIRE Ier
👑
558-561

Le royaume de Clovis est partagé entre ses quatre fils. Childebert Ier en tant que roi de Paris est considéré comme le roi de France. Le pays constitue toujours un tout. Les quatre souverains règnent avec l'aide de leur mère, Clotilde, et achèvent la conquête de la Gaule. Ils s'emparent du royaume burgonde en 534, du sud de la Germanie et de la Provence. A la mort de Clodomir, en 524, Childebert Ier devient roi d'Orléans. En 540, il fonde l'abbaye de Saint-Germain-des-Prés. Il meurt en 558 sans avoir eu d'enfants.

D'abord roi de Soissons, il partage avec Childebert le royaume d'Orléans après avoir fait assassiner les enfants de Clodomir, son frère. Puis, à la mort de Childebert Ier en 558, il s'empare de l'Austrasie après les morts successives des fils de son frère Thierry Ier. Le royaume de Clovis est reconstitué, agrandi de la Bourgogne et de la Provence. Roi fourbe, cruel et médiocre, il eut six femmes, Ingonde, Aregonde, Gundinde, Radegonde, Gundieucque, Waldetrade. Il meurt dans sa résidence de Compiègne en 561 à l'âge de soixante-quatre ans.

MEURTRE DES PETIT-FILS DE CLOVIS. Comment se défaire d'héritiers gênants ? Rien de plus simple quand on n'hésite pas sur les moyens. On les arrache à leur grand-mère en prétextant qu'on va les couronner à Paris. A leur arrivée, on les entraîne dans les souterrains du palais des Thermes, la résidence royale, là où personne ne pourra entendre leurs cris d'enfants terrorisés et on les assassine. Sur les trois innocents condamnés par leurs oncles, un seul sera sauvé grâce à l'intervention d'un soldat : il s'appelle Clodoald ou Cloud, devenu saint dans un couvent des environs de Paris. Les meurtriers, Clotaire et Childebert, sont fils de Clovis, comme Clodomir, le père des enfants, tué au combat. Le royaume qui ne cesse de s'agrandir, n'aura plus qu'à être partagé en deux. Mais Clotaire voit son frère mourir et devient seul roi des Francs. *Vers 530.*

CARIBERT

♔

561-567

CHILPÉRIC Iᵉʳ

♔

567-584

Troisième fils de Clotaire Iᵉʳ et d'Ingonde sa première femme, il est roi en 561 et règne six ans. Il eut quatre femmes, Ingoberge, Marofève, Méroflède et Théidechilde. Il meurt en 567. Il est enterré à Saint-Germain-des-Prés.

« ADIEU, MA GALSWINTHE ! » Elle part à l'étranger se faire étrangler.
Chilpéric veut épouser une princesse, comme son frère Sigebert. Pourquoi ne pas choisir la sœur de sa belle-sœur Brunehaut, la belle Galswinthe ? Elles sont toutes deux Wisigothes, installées en Espagne. La mère, Athanagilde, est inquiète car les Francs ont la réputation de se conduire comme des sauvages. Elle accompagne sa fille de Tolède à la frontière des Pyrénées, et là, émue, lui fait ses adieux. Elle ne la reverra pas : son futur mari la fera étrangler pour épouser Frédégonde. *567.*

Fils de Clotaire Iᵉʳ, il succède à son frère Caribert. Son ambition est la cause de la sanglante rivalité entre les reines Frédégonde et Brunehaut. Il épouse en 568, en troisièmes noces, Frédégonde qui avait fait étrangler sa précédente femme pour prendre sa place. Brunehaut, sœur de cette reine, jure de la venger. C'est le début d'une guerre sans merci entre la France de l'Ouest et la France de l'Est. Après une longue série d'assassinats, Chilpéric finit par être assassiné lui-même en 584 à Chelles. Frédégonde meurt en 597 mais Brunehaut continue la lutte.

CLOTAIRE II
♛
584-629

DAGOBERT Iᵉʳ
♛
629-639

Dernier des enfants de Chilpéric et de Frédégonde, il soutient la querelle de sa mère contre Brunehaut. En 613, il réunit la couronne de Neustrie (Ouest) et celle de Bourgogne-Austrasie (Est). L'unité du Royaume de Clovis est rétablie, mais il est contraint de faire des concessions aux seigneurs et de nommer des Maires du Palais dans les trois grandes provinces. En 623, il met son fils Dagobert Iᵉʳ à la tête de l'Austrasie. Il eut trois·femmes. Il meurt à quarante-quatre ans et est enterré dans l'abbaye de Saint-Germain-des-Prés.

Fils de Clotaire II, d'abord associé au royaume d'Austrasie, il succède à son père comme roi de Neustrie en 629. Lorsque son frère Caribert meurt en 632, il réunit à la couronne le royaume d'Aquitaine et devient seul roi des Francs. Il veut rétablir l'ordre. Les seigneurs et les évêques qui prenaient de plus en plus d'indépendance sont obligés de lui obéir. La cour devient luxueuse, car il confisque des domaines et s'enrichit. Il aime les arts et particulièrement l'orfèvrerie, art dans lequel excelle son ami Eloi, évêque de Noyon. Il s'entoure de conseillers comme Ouen, évêque de Rouen et Didier, évêque de Cahors. C'est aussi un grand bâtisseur d'églises, d'abbayes et de cathédrales. Il embellit l'abbaye de Saint Denis près de Paris. Grand militaire, il soumet les Bretons et les Basques, il s'allie avec les Etats de l'Est, slaves et germains. Il est considéré comme le grand roi de l'Europe et conclut avec l'empire byzantin une « paix perpétuelle ». Il eut quatre femmes, n'hésitant pas à répudier celles qui le gênaient et à vivre en concubinage avec d'autres. Ce n'est pas « le Bon Roi Dagobert » de la chanson. Celle-ci fut écrite longtemps après, au XVIIIᵉ siècle, pour se moquer de Louis XVI, qui lui, était trop bon. Il ne pouvait pas mettre « sa culotte à l'envers » pour la bonne raison que les culottes n'existaient pas à l'époque. Il meurt en 639 dans sa « villa » (ferme) d'Epinay, d'une longue maladie, et est enterré dans l'abbaye de Saint-Denis.

◄ **LE SUPPLICE DE BRUNEHAUT : une traîne funèbre pour une reine.**
Brunehaut, la reine gracieuse et pieuse, va mourir de mort atroce. Elle a perdu son mari, Sigebert, assassiné ; elle a perdu son neveu et amant, Mérovée, fils de Chilpéric... et la voici livrée, elle la reine d'Austrasie, à Clotaire II, le roi de Neustrie. Elle s'est battue contre sa rivale Frédégonde, avec acharnement. Elle va maintenant perdre son royaume et sa vie. Le fouet a claqué, le cheval indompté fait un bond en avant si brutal que la tête de la Reine vole en éclats. Son corps, traîné par les pieds sur un chemin de Bourgogne, va se disloquer sous les yeux de toute une armée. Clotaire II devient ainsi roi des Francs. *613.*

CLOVIS II
👑
639-657

CLOTAIRE III
👑
657-670

Fils de Dabogert, il inaugure la période dite des « Rois Fainéants », au cours de laquelle les rois ne gouvernent plus, vivant trop loin de leurs sujets qui ne savent même pas ce que veut leur roi. Ces rois sont trop pauvres ; ils ont une vie trop brève (ils sont presque tous morts avant 25 ans). C'est le Maire du Palais qui gouverne, qui lève l'impôt, qui réunit l'Assemblée des guerriers chaque mois de mars. Le Royaume est divisé en quatre grandes Provinces : Neustrie, Austrasie, Bourgogne, Aquitaine.

Clovis II meurt à 21 ans et est enterré à Saint-Denis.

Comme son père, Clovis II, il est roi à 4 ans. Sa mère Bathilde, ancienne esclave, exerce la régence. Cette femme autoritaire s'entoure d'évêques, ce qui déplaît aux leudes : puissants propriétaires terriens. Quand l'évêque de Paris est assassiné, en 664, Bathilde se retire au couvent de Chelles et laisse le pouvoir à son fils. Sous son règne, de vives querelles opposent le Maire du Palais de Neustrie, Ebroïn et Léger, évêque d'Autun. Ebroïn veut forcer l'Austrasie et la Bourgogne à reconnaître la suprématie de la Neustrie. Clotaire III meurt à 18 ans et est enterré à Saint-Denis.

◀ **LE ROI CLOVIS II ACHÈTE BATHILDE POUR EN FAIRE LA REINE DE FRANCE.**
Comment Bathilde fut-elle enlevée à sa famille anglaise par des pirates ? Le leude Archinoald qui la recueillit ne le sut jamais. Mais il devient Maire du Palais et lui donne ainsi l'occasion de rencontrer Clovis II. Très séduit par cette esclave venue d'ailleurs, Clovis II en fait la reine de France après l'avoir achetée, comme il se doit, à son père nourricier. Bathilde n'oublia jamais sa première condition et fit interdire la vente des serfs. Ceux qui furent ainsi libérés du joug des seigneurs trouvèrent souvent celui des pères abbés car Bathilde leur faisait promettre de rentrer au couvent. *649.*

CHILDÉRIC II
♛
670-673

THIERRY III
♛
673-690

Egalement fils de Clovis II, c'est Léger qui « l'élève sur le pavois », c'est-à-dire qui le fait roi. Il est assassiné à la chasse par un seigneur.

Le troisième fils de Clovis II voit s'accentuer les rivalités entre les Maires du Palais des grandes provinces. La victoire de Testry gagnée en 687 par Pépin de Herstal, donne la prépondérance définitive à l'Austrasie, mais Pépin reconnaît cependant Thierry III comme souverain de la monarchie franque et se réserve le titre de Maire du Palais d'Austrasie ou duc d'Austrasie. Cette victoire n'est pas la victoire de l'Austrasie sur la Neustrie, mais celle de l'aristocratie (les nobles), c'est-à-dire la famille de Pépin, sur la royauté franque. Les Mérovingiens sont désormais sous la tutelle des ducs de l'Austrasie qui n'a donc plus de roi.

Thierry III meurt à 36 ans. Il est enterré dans l'abbaye de Saint-Waast d'Arras.

LES ROIS FAINÉANTS : que peut-on vouloir quand on est sans pouvoir ? ▶
Après Dagobert, les rois Mérovingiens ne font rien, non pas par paresse mais parce qu'ils ne peuvent rien faire : les guerriers ne leur obéissent plus et les Maires du Palais prennent peu à peu le pouvoir. Alors, que faire quand on est roi sans pouvoir ? Garder les cheveux longs, vivre modestement, ne plus se montrer à la tête d'armées et quand on se déplace, le faire avec discrétion et lenteur, dans des chariots qui n'ont rien de royal : des bœufs tranquilles ont remplacé les fougueux chevaux de bataille. Quelle décadence ! A vous les Carolingiens !

◀**L'ÉVÊQUE D'AUTUN, LÉGER, CONDAMNÉ... à 3 ans de couvent.** Le monastère de Luxeuil est la meilleure prison du royaume, celle où l'évêque Léger a fait enfermer Ebroïn, un maire du Palais gênant, qui voulait asseoir sur le trône un autre roi que Childéric II. Mais voici que Léger est accusé à son tour : il est trop complaisant pour les puissants, ceux qui possèdent les plus grands domaines. Childéric II l'envoie donc à Luxeuil retrouver son pire ennemi. Au bout de trois ans de vie commune, Ebroïn et Léger finissent par devenir amis. Mais la mort de Childéric II va ranimer leur haine mutuelle. Revenu dans son diocèse d'Autun, Léger se voit attaquer par son ancien compagnon de cellule... à la suite d'un désaccord sur le choix du nouveau roi. Léger a les yeux crevés puis la tête tranchée : il est déclaré martyr et sera canonisé. *673.*

CLOVIS IV
♛
690-695

CHILDEBERT III
dit « le Juste »
♛
695-711

Comme son père, il n'est roi qu'en titre et prête son nom aux actes de Pépin de Herstal. Il meurt à 15 ans et est enterré à Choisy-au-Bac, près de Compiègne.

Le fils de Thierry III est laissé par Pépin de Herstal au fond d'une de ses « villae » (fermes) au bord de l'Oise où il meurt. Il est enterré près de Compiègne.

DAGOBERT III

👑

711-715

CHILPÉRIC II

👑

715-720

C'est le fils de Childebert III. Pépin continue de gouverner, non seulement l'Austrasie mais aussi la Neustrie, il nomme lui-même le Maire du Palais de Neustrie, Théodebald, un petit enfant ! Il meurt le 16 décembre 714. Son fils naturel Charles lui succède, son prénom signifie « le vaillant », « le brave », son surnom, Martel, désigne peut-être l'arme avec laquelle il frappait ses ennemis. Dagobert III meurt un an après Pépin de Herstal.

« Rejeton oublié de la race mérovingienne », le deuxième fils de Childéric II est mis sur le trône par le Maire du Palais de Neustrie pour s'en faire un appui contre Charles Martel, Maire du Palais d'Austrasie. Celui-ci vainc les Neustriens et les Aquitains à deux reprises – près de Cambrai et près de Soissons. Chilpéric passe alors sous sa tutelle mais meurt un an après.

Il est enterré dans la cathédrale de Noyon.

◀ **CHARLES MARTEL gagne à POITIERS.**
632, le prophète Mahomet meurt, laissant ses croyants, les musulmans, continuer le mouvement religieux qu'il a créé, l'Islam. Des peuples entiers se convertissent à cette nouvelle religion qui s'étend à l'Est jusqu'aux confins de l'Inde et de la Chine. Après l'Arabie, sa terre natale, l'Islam a conquis l'Asie et l'Afrique. Reste l'Europe. Les Sarrasins sont en Espagne et partent à l'assaut « religieux » de la France. Un guerrier les arrête à Poitiers. Il s'appelle Charles, il est fils de Pépin d'Herstal, Maire du Palais d'Austrasie. Sa massue martèle. Les infidèles reculent. Charles le Marteleur, Charles Martel, entre dans l'Histoire sous les traits d'un libérateur. Poitiers fête le centenaire d'une guerre sainte de cent ans ! *732.*

CHARLES MARTEL entre dans PARIS. ▶
Après la victoire de Poitiers, il suffit de se montrer pour avoir la gloire et obtenir la consécration. Quand il entre dans Paris, suivi de son armée et, faut-il le préciser, d'un immense butin, celui que les Sarrasins avaient volé aux habitants d'Aquitaine, c'est le triomphe. Un homme apporte un nouveau prénom et un surnom. Il lui reste à prendre un nom, mieux un titre, celui de Roi des Francs, mais tout en exerçant le pouvoir, il préfère laisser à son fils, Pépin, le soin de fonder une dynastie nouvelle, celle qui portera le nom de Carolingienne, de Carolus, Charles en latin. *732.*

THIERRY IV	CHILDÉRIC III
👑	👑
721-737	743-751

Fils de Dagobert III et de la reine Clotilde, il obéit docilement à Charles Martel qui arrête les envahisseurs arabes en juillet 732 lors de la célèbre bataille de Poitiers. Ce dernier remporte également des victoires sur les Frisons, les Saxons, les Alamans et les Bavarois, désormais contraints de reconnaître la vieille suprématie franque.

Thierry IV, roi sans pouvoir, assiste à l'irrésistible ascension de ce guerrier herculéen. Il meurt, obscurément, en 737.

Fils de Chilpéric II, il est porté sur le trône par Pépin, après une vacance royale de 6 ans, puis déchu huit ans après par l'Assemblée générale des Francs réunie à Soissons. Pépin s'est enfin résolu à vaincre sa peur des Mérovingiens et de leur caractère sacré, après avoir convaincu le pape Zacharie « qu'il valait mieux appeler roi, celui qui avait le pouvoir que celui qui en restait dépourvu ».

Childéric III est déposé en 751 par le pape.

PÉPIN FAIT DÉPOSER CHILDÉRIC III : une abdication forcée.
Quand on est roi, déposer sa couronne s'appelle abdiquer et voici comment Childéric III fut contraint d'abdiquer. Pépin veut mettre fin à la dynastie des Mérovingiens. Il s'assure de l'accord du pape grec Zacharie, réunit les évêques à Soissons, la capitale, et retire la couronne de la tête du roi pour mieux le tonsurer et en faire un moine. Un couvent de Saint-Omer lui servira de retraite. *751.*

MÉROVINGIENS

FIN $\frac{481}{751}$

$\frac{751}{987}$ LES 12

CAROLINGIENS

Charles ou Pépin ? Qui, des deux Maires du Palais, va donner son nom à la nouvelle dynastie ! Charles est le sauveur du monde chrétien, celui qui a arrêté les envahisseurs arabes à Poitiers, le pourfendeur des Saxons, des Alamans et des Frisons ; le plus grand conquérant depuis Clovis.

Mais Charles, père incontesté de la dynastie nouvelle préfère la gloire au trône et laisse à son fils Pépin le soin de baptiser « carolingienne » (de Carolus, Charles en latin) la dynastie qu'il a préparée.

Pépin le Bref veut exorciser sa crainte de la magie mérovingienne. Un grand nom ne lui suffit pas. Il veut montrer que sa race a été choisie par Dieu et il crée le sacre, cérémonie par laquelle le Pape place solennellement le Roi sur le trône. La royauté de droit divin est désormais instaurée ; l'alliance entre le « Trône » et l'« Autel » est scellée : elle durera jusqu'au dernier roi de France.

Cette royauté très chrétienne n'en reste pas moins guerrière. Pépin et, après lui, Charlemagne, s'emparent de l'Aquitaine et des royaumes saxon et lombard, amenant au christianisme des peuples restés barbares.

« Maître de la Terre », Charlemagne est élevé à la dignité d'empereur romain, de successeur de Constantin ; il est sacré à Rome dans la nuit de Noël de l'an 800.

A sa mort, son empire éclate. Parce que les envahisseurs normands le bousculent en assiégeant Paris quatre fois. Parce que ses petits-fils, ne pouvant s'entendre, le partagent, à Verdun, en trois états qui préfigurent l'Europe d'aujourd'hui : à l'Ouest, la France ; à l'Est, l'Allemagne ou Germanie ; au Centre, une zone qui sera l'enjeu de luttes pendant des siècles. Il éclate enfin parce que le système féodal qu'il a institué, dégénère. La faiblesse des souverains permet aux seigneurs des petits états ou fiefs, de s'émanciper de l'autorité royale.

Le lendemain de la mort accidentelle de Louis V, l'assemblée des Francs estime que le fils d'Hugues le Grand, comte de Paris, est digne plus qu'aucun autre seigneur, de monter sur le trône de France : la monarchie capétienne est officiellement instaurée.

ARBRE GÉNÉALOGIQUE DES CAROLINGIENS

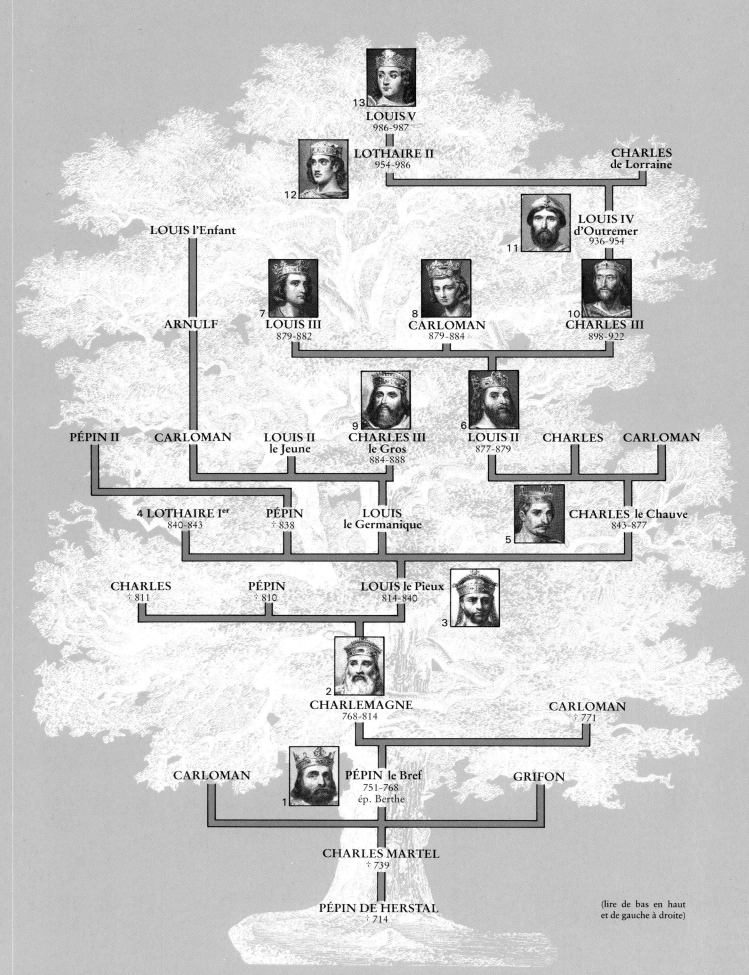

13 LOUIS V
986-987

LOTHAIRE II
954-986

CHARLES
de Lorraine

LOUIS IV
11 d'Outremer
936-954

LOUIS l'Enfant

ARNULF

7 LOUIS III
879-882

8 CARLOMAN
879-884

10 CHARLES III
898-922

PÉPIN II **CARLOMAN** **LOUIS II**
le Jeune

9 CHARLES III
le Gros
884-888

6 LOUIS II
877-879

CHARLES **CARLOMAN**

4 LOTHAIRE Ier
840-843

PÉPIN
÷ 838

LOUIS
le Germanique

5 CHARLES le Chauve
843-877

CHARLES
÷ 811

PÉPIN
÷ 810

LOUIS le Pieux
814-840

3

2

CHARLEMAGNE
768-814

CARLOMAN
÷ 771

CARLOMAN

1 PÉPIN le Bref
751-768
ép. Berthe

GRIFON

CHARLES MARTEL
÷ 739

PÉPIN DE HERSTAL
÷ 714

(lire de bas en haut
et de gauche à droite)

PÉPIN
dit « le Bref »

♛

751-768

CHARLEMAGNE

♛

768-814

Né en 714, il est placé sur le trône ainsi que sa femme Berthe « par l'élection de tous les Francs, la consécration des évêques et la soumission des Grands ». Il est sacré et couronné à Soissons en 752 par Saint Boniface, archevêque de Mayence. Il commence par défendre le Pape contre les Lombards et lui fait donation d'un Etat. Il expulse définitivement les Musulmans au siège de Narbonne. Sa plus importante conquête est celle de l'Aquitaine dont il chasse le Duc Waifre après 7 campagnes consécutives. La province d'Aquitaine fait désormais partie du royaume franc. Il porte également la guerre au-delà du Rhin contre les Germains.

En dehors de ses brillantes victoires, son règne est surtout marqué par l'institution du sacre des rois. Celui-ci n'existait pas en effet sous les Mérovingiens, élevés sur le trône par une inauguration guerrière, « élevés sur le pavois » (bouclier franc) par leurs guerriers.

Il meurt en 768 et est enterré à l'abbaye de Saint-Denis. Marié à Berthe dite « au grand pied », il eut deux fils, Charles et Carloman.

A la mort de Pépin, ses deux fils sont « élevés à la royauté », l'un à Noyon, l'autre à Soissons. Mais les deux frères ne s'entendent pas. Charles est favorable au Pape et Carloman aux Lombards, barbares païens d'Italie qui veulent s'emparer des états pontificaux. Par chance, Carloman meurt le 4 décembre 771, laissant la totalité du royaume à son frère.

L' « empereur à la barbe fleurie » n'a jamais porté de barbe, comme le chantèrent les poètes, dans les chansons de gestes, ni les riches vêtements dont le para l'imagerie. Il n'a pas non plus la majesté d'un César. C'est un homme aux goûts simples, s'occupant lui-même de ses fermes,

CHARLEMAGNE ET SES COMTES : marquis ou connétables ? ▶
Pour gouverner les comtés de son vaste empire et administrer son palais, Charlemagne s'entoure de hauts fonctionnaires. Les comtes les plus importants sont ceux des « marches » ou marquis qui ont en charge les régions frontières telles la Gascogne, l'Autriche ou le Slesvig. Le comte du palais a sous ses ordres de nombreux responsables comme le comte des écuries (étables) ou connétable. Au cours d'une assemblée générale annuelle, le plaid, Charlemagne promulgue les capitulaires, ordonnances qui comprennent une série de chapitres (capitulae). Il s'y rend avec ses comtes qui l'ont aidé à les élaborer.

s'adonnant à la chasse et à la natation. De haute stature, corpulent, il porte la moustache et la chevelure abondante des Francs. Le moine Eginhard, son historiographe, le décrit comme un homme très pieux, aimant par dessus tout la guerre, mais surtout la guerre sainte, pour convertir les païens. En quarante-sept ans, Charlemagne va conquérir un immense empire, tel que la France n'en connaîtra jamais plus. Il s'empare du royaume des Lombards : en 774, il bat et dépose le roi Didier, ennemi du pape. Pour éviter les razzias des Saxons, il mène contre eux des campagnes non moins acharnées que cruelles. Il lui faudra vingt expéditions pour venir à bout de la résistance de leur roi Widukind, expéditions au cours desquelles il massacrera sans pitié, mais dont l'issue est la soumission et la conversion de tout un peuple. Il marche également contre les Emirats arabes du nord de l'Espagne. C'est à cette époque que se situe la « Chanson de Roland ». Ses succès sont moins éclatants que ne le dit le poème. Il soumet enfin les Avares, les Slaves et les Danois, peuples de l'Est, qui tout en gardant leurs rois et leurs coutumes, reconnaissent la souveraineté de Charlemagne ; si ce dernier est cruel à la guerre, il n'en traite pas moins bien les soumis. Le seul

« Maître de la Terre », comme le « successeur des empereurs romains ». C'est pourquoi, en l'an 800, à la messe de Noël, célébrée à Rome, le Pape place la couronne de l'Empereur sur sa tête, sans qu'il s'y attende, puis s'agenouille devant lui, comme c'était la coutume sous Constantin, et... « l'adore ». Charlemagne en est très irrité, nous dit Eginhard ; voulait-il s'en parer lui-même comme le fera Napoléon longtemps après ?

Le nouvel empereur est désormais appelé « le Grand » (magnus), moins à cause de ses conquêtes que de l'éclat et du renouveau de la civilisation qu'il engendre. On parle même de « Renaissance » par comparaison avec la barbarie mérovingienne. Il réorganise les comtés, unités administratives gouvernées par les comtes et les évêques. Il les fait surveiller par les « Missi Dominici », les « envoyés du Maître », sorte d'inspecteurs qui veillent à l'application des lois. Les lois deviennent écrites, sous forme de petits chapitres, les « Capitulaires ». En ce domaine son autorité est d'ailleurs limitée, car ce sont les Grands, ses « vassaux », qui lui dictent ces lois. Ces vassaux sont d'autant plus puissants que le système de la « recommandation » se renforce : les plus faibles se mettent sous la protection des

CHARLEMAGNE VISITE UNE ÉCOLE : « Ave Carolus Magnus ».
La France, l'empire franc, perdait son latin. Alors Charlemagne donne l'exemple ; De formation assez guerrière, il se met à apprendre et travailler les matières qu'il ignore, de la grammaire à la musique, et fait venir des maîtres de toute l'Europe. Alcuin d'York, en Angleterre, enseigne à la cour d'Aix-la-Chapelle. Théodule ouvre la première école dans un monastère près d'Orléans. Lors d'une visite d'une de ces écoles ouverte à tous, l'Empereur sensible au travail des bons élèves, félicite les élèves pauvres qu'il fait mettre à sa droite. La tête baissée des autres montre l'importance de la réprimande : les fils de nobles ont été reconnus paresseux. *Vers 790.*

ROLAND MEURT À RONCEVAUX, victime d'un défi des Basques.
Charlemagne affrontera trois menaces importantes : aux frontières de son empire, les Saxons du Nord ; les Lombards à l'Est et les Arabes en Espagne. Il crée des « marches » aux points faibles, c'est-à-dire des zones de sécurité et de surveillance. Au cours d'une expédition en Espagne, Roland (son neveu ?) tombe dans une embuscade tendue par des Basques dans le défilé de Roncevaux, entre Pampelune et Saint-Jean Pied de Port. Des rochers tombent des sommets. Le premier héros de l'épopée française va mourir, malgré le pouvoir de son épée Durandal et le son de son cor, l'olifant. *15 août 778.*

peuple qu'il ne soumettra jamais est le peuple breton. Aux frontières de son royaume, il crée, comme les empereurs romains, des Etats défensifs, les Marches, toujours prêts à riposter à toute attaque.

Charlemagne est, en effet, considéré par tous comme le

CHARLEMAGNE

plus puissants seigneurs, ils se font leurs vassaux. Ce régime, qui permet une bonne organisation militaire dans les provinces éloignées, porte en lui les germes d'un grand danger : celui de la féodalité qui fera trembler la royauté.

Bien que ne sachant pas écrire lui-même – ce qui ne l'empêche pas de connaître le grec et le latin –, Charlemagne professe le goût des Lettres et des Arts. Il s'entoure d'érudits, ainsi Alcuin, qu'il charge de réorganiser les études dans le royaume, en particulier dans les écoles épiscopales. Il crée l'Université de Paris. La « minuscule caroline », notre calligraphie actuelle, est instituée pour faciliter la rédaction des manuscrits latins, œuvre des moines.

Charlemagne eut quatre femmes : Désirée, Hildegarde, Fastrade et Liutgarde qui lui donnèrent de nombreuses filles et trois fils, qu'il associa à son trône. Il meurt de maladie en 814, et est enterré à Aix-la-Chapelle, sa capitale.

LOUIS Iᵉʳ
dit « le Débonnaire » ou « le Pieux »

814-840

De ses trois fils, Pépin, Charles et Louis, seul Louis lui survécut. Charlemagne couronne lui-même son fils Louis à Aix-la-Chapelle. C'est un homme cultivé, il connaît le grec et le latin. Très dévôt, il se laisse diriger par les hommes d'Eglise, d'où son surnom « le Pieux ». Il n'est pas à la hauteur de sa tâche ni de l'immense empire qui lui échoit.

Son règne est marqué par le retour des querelles dynastiques. Ses propres fils, Lothaire, Louis et Pépin, qu'il a couronnés lui-même, lui font la guerre de son vivant pour le partage du royaume. Ils osent même le déposer et l'enfermer dans un couvent en 833 : en effet, Louis, poussé par sa seconde femme, Judith de Bavière, avait dépossédé son fils aîné Lothaire, au profit de Charles, fils de Judith. Il n'est rétabli sur son trône qu'en 837, par une assemblée d'évêques et d'abbés. Lothaire retrouve ses droits, un nouveau partage est prévu. Ce règne est marqué également par le début des grandes invasions normandes qui se succèdent, toujours plus terrifiantes, pendant un siècle, sur la côte atlantique, à l'embouchure des grands fleuves. Ce sont des Scandinaves, les Vikings, sur leurs drakkars, bateaux à fond plat qui naviguent aussi bien en rivière qu'en mer : ils sèment la terreur et le roi n'a pas su organiser une résistance efficace. Son règne fait revenir le climat d'incertitude de l'époque des rois fainéants : l'empire se disloque à nouveau, à cause de la guerre des trois frères, des razzias normandes et du morcellement féodal qui s'instaure.

Il meurt après 26 ans de règne près d'Ingelheim et est enterré à Metz.

CHARLEMAGNE SOUMET WIDUKIND : les Saxons s'inclinent.
Les Saxons se sont établis entre le Rhin et l'Elbe et les Francs n'ont jamais pu les soumettre. Ils sont fidèles à la religion du Dieu Odin. Leur nom vient du mot poignard, « le saxs », qu'ils portent sur eux, toujours prêt à servir. Charlemagne veut les convertir. Il lui faudra trente ans pour obtenir la soumission de Widukind, leur indomptable chef. Après une bataille, Charlemagne fait décapiter 5 000 prisonniers. A la fin d'une bataille suivante, les guerriers Saxons se soumettent. Les Saxons gardent leurs coutumes, mais beaucoup se feront chrétiens. La Germanie devient ainsi la meilleure des barrières contre les invasions des barbares. *783.*

CHARLES II
dit « le Chauve »
♔
843-877

LOUIS II
dit « le Bègue »
♔
877-879

Les guerres fratricides entre les trois fils de Louis se terminent par la bataille de Fontenay, dans laquelle Charles II se ligue avec Louis dit le Germanique contre leur aîné Lothaire qui prétendait unir tout l'empire sous sa loi. La bataille n'est pas décisive mais elle aboutit en 843 au fameux Partage de Verdun qui scinde l'Empire en trois « royaumes » qui vont durer. Charles reçoit la Francie Occidentale, limitée à peu près par l'Escaut, la Meuse, la Saône et le Rhône. Louis a la Francie Orientale, à l'est du Rhin et au nord des Alpes ; Lothaire, de par son droit d'aînesse, garde le titre d'empereur et reçoit la part du milieu, de la mer du Nord au sud de l'Italie. Les deux Francie orientale et occidentale, qui préfigurent la France et l'Allemagne, vont se disputer la partie intermédiaire, le domaine de Lothaire.

Charles le Chauve, désormais roi de France, est un souverain intelligent, qui a reçu de sa mère Judith une éducation savante. Il tente de rétablir son autorité dans le royaume et de ressusciter l'empire de Charlemagne. Il se fait nommer roi de Lorraine, puis roi d'Italie. Il construit des ponts fortifiés sur les rivières pour résister aux Normands. En 875, il est couronné empereur à Rome. Il meurt le 6 octobre 877 et est enterré au monastère de Nantua.

LA CORVÉE DES SERFS : à défaut d'armes, on donne ses bras. ▶
Pour administrer son Empire, Charlemagne institue la vassalité : il s'attache les puissants en leur accordant des fiefs. Il délègue son pouvoir pour avoir le temps de régner. Mais cela suppose une autorité. Dès sa mort, les seigneurs gardent leurs privilèges et, à leur tour, créent la vassalité avec les moins puissants qu'eux, réclamant en échange le service des armes. Ainsi s'installe une hiérarchie, du plus puissant au plus faible, les derniers en bout de liste étant les serfs, ceux qui n'ont que leurs bras à offrir. Le système féodal est mis en place. Parmi les obligations des serfs, il y a la corvée, c'est-à-dire un travail non rémunéré et dicté par le bon ou le mauvais vouloir de l'employeur : comme, par exemple, débiter une forêt pour en faire la charpente d'un nouveau donjon.

Fils de Charles le Chauve, il est d'abord roi d'Aquitaine puis hérite de la couronne de France en 877. Il règne deux ans et meurt à 33 ans. Il est enterré à l'église Notre-Dame de Compiègne.

Ils se partagent la succession de leur père, Louis II, mais curieusement gouvernent ensemble et en bonne entente. Mais l'empire continue à se morceler en royaumes.

En 881, ils remportent une victoire sur les Normands à Saucourt-en-Vimeux près d'Abbeville. Les Normands fuient vers la Lorraine et concluent un traité avec le roi de Germanie, Charles le Gros.

Louis III meurt en 882, et Carloman deux ans après.

PILLAGE NORMAND D'UN MONASTÈRE ou la « messe des lances ». Les Normands appréciaient particulièrement les raids contre les monastères. Pour deux raisons : restés fidèles à Odin, le dieu des dieux, qui fut aussi celui des Francs avant la conversion de Clovis, ils ne supportaient pas de voir des moines consacrer leur vie au Dieu des chrétiens. Ensuite, les monastères renfermaient des objets de culte précieux, donc un butin assuré, d'autant plus que les occupants n'étaient pas des combattants de métier. On dit que leur slogan de pirates était : « Allons leur faire chanter la messe des lances ! ». Finies les louanges !

DRAKKARS ET SUEKKARS: dragons de mer ou serpents de fleuve? Les Normands, les «hommes du Nord», vont inquiéter l'empire pendant tout le neuvième siècle : cent ans d'incursions et de pillages qu'aucun chef franc n'arrivera à maîtriser. Ces pirates — c'est le sens du mot Viking — remontent les fleuves, de la Somme à la Garonne, occupent les rives et y installent leurs familles. Leur aventure française se termine par la fondation du duché de Normandie au profit de Rollon. Leurs navires plats, de la taille d'une péniche, s'appelaient dragons de mer, drakkars, ou navires serpents, suekkars, selon leur forme et leur mission.

CHARLES III
dit « le Gros »

♛

884-888

EUDES

♛

888-898

L'héritier de la couronne aurait dû être Charles le Simple, fils de Louis le Bègue et d'Adélaïde, mais ce n'était qu'un enfant.

En Germanie régnait Charles le Gros, fils de Louis le Germanique, empereur couronné à Rome. En 884, celui-ci est invité par les Grands à prendre le pouvoir à la place de Charles le Simple.

En 885, les Normands entrent à Rouen et remontent la Seine jusqu'à Paris. Paris, à cette époque, était limité à l'île de la Cité, entouré par une enceinte romaine. Le défenseur de Paris, Eudes, fait appel à Charles le Gros, mais celui-ci arrive trop tard, et au lieu de reprendre Paris saccagé par Siegfried et ses Normands, traite avec eux, leur livre la Bourgogne et paie très cher pour qu'ils fassent retraite.

Il est déposé en 888 et meurt.

Après la déposition de Charles le Gros, évêques et comtes se réunissent pour choisir un roi. Ils élisent Eudes, fils de Robert le Fort, comte d'Anjou, défenseur de Paris, qui est sacré solennellement à Compiègne et reçoit une couronne d'or en 888. Il est considéré comme plus digne de « la Majesté Royale » que Charles le Gros mais sa fortune ne dure pas. Il succombe sous le poids des envahisseurs normands et accepte pour successeur le fils de Louis le Bègue. Il meurt en 898 et est enterré à Saint-Denis.

SIEGFRIED, CHEF DES NORMANDS, VIENT ASSIÉGER PARIS. ▶
Après leurs défaites successives sur la Sambre et sur la Loire, les pirates normands cherchent vengeance. Assiéger Paris, c'est presque téméraire, mais une victoire contre l'île de la Cité pourrait redonner courage à ces hommes de guerre. Deux ponts la défendent où se trouvent un évêque, Gozlin, et un comte, Eudes. Eudes est le fils de Robert le Fort qui a été fait duc du pays entre Loire et Seine par Charles le Chauve. Il fait appel à Charles le Gros, nouveau détenteur de la couronne de France à la place de Charles le Simple qui n'a que cinq ans. L'empereur arrive et voit la Seine si noire de barques « qu'on ne voyait plus l'eau ». Effrayé par tant d'assaillants, il propose lâchement un arrangement : il achète la retraite des Normands contre l'autorisation de piller la Bourgogne dès l'hiver à venir. Ce marché coûtera son trône à Charles le Gros, devenu Charles le Lâche. ***885.***

CHARLES III
dit « le Simple »

👑

898-922

RAOUL ou RODOLPHE

👑

923-936

Fils posthume (c'est-à-dire né après la mort de son père) de Louis II le Bègue, il est sacré roi de France à la mort d'Eudes sur la recommandation du roi Arnoul de Germanie et de l'archevêque de Reims. Il met fin aux guerres avec les Normands en cédant à leur chef Rollon, par le traité de Saint-Clair-sur-Epte en 911, la province de Normandie qui portera leur nom. Méprisé par les Grands pour ce traité, il est trahi et emprisonné par Héribert, comte de Vermandois en 922. Il meurt au château de Péronne en 929.

Duc de Bourgogne, allié au comte de Paris, il est élu par les Grands dans une Assemblée générale. Il remporte à Limoges une grande victoire sur les Normands qui lui rallie les seigneurs de l'Aquitaine. Mais il se querelle avec le comte de Vermandois qui avait déposé Charles III. La paix n'est rétablie qu'en 935. De nouveaux envahisseurs apparaissent sous son règne : les Hongrois. Ils sont arrêtés par Henri Ier d'Allemagne. Raoul meurt après un règne de 13 ans et est enterré à Sens.

ROBERT Ier

👑

922-923

Second fils de Robert le Fort, il n'est que duc de France jusqu'à la mort de son frère aîné Eudes. En 898, il devient en outre duc de Bourgogne. Elu roi par les seigneurs et couronné à Reims en 922, il sera tué l'année suivante par l'armée de Charles le Simple qui vient lui livrer bataille près de Soissons.

EUDES À MONTFAUCON. Une priorité, se débarrasser des Normands. ▶
Eudes admire la vie héroïque de son père, Robert le Fort, comte d'Anjou : ce dernier a arrêté les Normands sur la Loire et s'est battu jusqu'à sa mort, en 866, au combat de Brissarthe, près d'Angers, pour sauver son comté de l'invasion des gens du Nord. Eudes, le courageux, doit choisir ses ennemis et ils sont nombreux. Il laisse les rois de Provence à leurs divisions et le roi des Bretons à sa guerre civile. Il oublie la lointaine Navarre mais, par contre, force le duc d'Aquitaine à renoncer à son titre de roi et lui fait jurer fidélité. Restent les Normands : ils sont partout. Eudes les attaque à Montfaucon, en Lorraine et à Montpensier, en Auvergne : deux batailles, deux victoires. Mais les bandes barbares lui donnent encore l'occasion de se battre. Cet ancêtre des Capétiens ne peut éviter que Charles le Simple, un Carolingien, ne monte sur le trône de France et sa mort prématurée, à 34 ans, l'empêche de le reprendre. *890.*

LOUIS IV
dit « d'Outremer »

👑

936-954

L'alternance des descendants d'Eudes et de ceux de Charles le Chauve, sur le trône de France, se poursuit. Fils de Charles III le Simple, il avait été emmené en Angleterre par sa mère. Il revient pour être couronné à Laon en 936, par Guillaume, Archevêque de Sens, puis une seconde fois à Reims. Toute sa vie, il lutta contre la famille des comtes de Paris et les seigneurs féodaux. Son royaume est restreint à son domaine de Laon et Reims. Tandis que les ducs de France sont de plus en plus puissants, il se heurte à Hugues le Grand, qui, en fait, gouverne le territoire sans s'emparer du trône, ce qui lui aurait été facile. Il meurt d'une chute de cheval. Il est enterré à Saint-Rémi de Reims.

LA MORT ACCIDENTELLE DE LOUIS IV : Le Loup, le Cheval et le Roi.
Un roi chevauchait entre Laon et Reims. Il voit un loup et s'élance à sa poursuite. Il le rejoint, se penche pour le frapper à mort, mais son cheval a peur du loup et le désarçonne. Le roi tombe, se blesse et meurt quelques jours après. Moralité : si vous voulez chasser le loup à cheval, assurez-vous que votre monture est d'accord.

LE ROI D'OUTRE-MER AU CONCILE D'INGELHEIM : L'enjeu ? Laon.
Dans cette ville, près de Mayence, a lieu le concile général de Germanie. Le roi Louis IV vient y plaider sa cause. Louis IV a vécu en Angleterre, outre-mer... du Nord, avec sa mère Ogive pendant que son père, Charles V, était incarcéré à Péronne. Il devient roi à la mort de Raoul, mais Hugues, neveu d'Eudes, l'empêche de régner et le fait prisonnier en 945. Il échange sa liberté contre Laon, sa capitale, puis se venge en s'alliant à Otton, empereur d'Allemagne. Avec lui, il envahit la France et s'empare de Reims, ville symbole. Le pape, Agapet II, intervient et excommunie Hugues. Louis IV, devenu très impopulaire, regagne Laon.

LOTHAIRE

♛

954-986

LOUIS V
dit « le Fainéant »

♛

986-987

Il est associé à la couronne de son père Louis IV, du vivant de celui-ci et sacré à Reims. A côté de lui grandissait Hugues Capet, héritier des comtes de Paris. Lothaire essaie de lutter contre Hugues, mais sans succès. Son domaine est entouré par les fiefs de son rival. Il attaque l'empereur Otton II d'Allemagne (qui n'est plus un Carolingien) mais Otton marche sur Paris, se retire, et est traîtreusement attaqué dans sa retraite, au passage de l'Aisne, par Lothaire qui le vainc inutilement.

Associé au trône de son père, Lothaire, en 979, il n'a que le temps de convoquer une assemblée des Francs à Compiègne. Celle-ci doit juger l'archevêque de Reims, Adalbéron, qui a soutenu Otton II dans sa querelle contre Lothaire. Or, Louis V meurt d'une chute de cheval la veille de la réunion et l'assemblée élit Hugues Capet, fils aîné d'Hugues le Grand.

Avec cet accident disparaît la lignée des Carolingiens ; une nouvelle dynastie s'établit : celle des Capétiens.

LOTHAIRE DÉFAIT L'ARMÉE D'OTTON: un gué, champ de bataille inattendu. Lothaire est menacé. Son puissant voisin, l'empereur Otton est maître de l'Allemagne et de l'Italie. Lothaire n'hésite pas à l'attaquer en Lorraine et manque de peu le surprendre à Aix la Chapelle, sa résidence. Otton se venge en marchant sur Paris. Son armée se place sur le Mont Martre et entonne le chant des Martyrs sur le lieu même qui porte leurs noms : Mons Martyrum. La leçon donnée, il se retire et se dirige vers l'Aisne. Mais Lothaire a entendu la pluie tomber et se précipite à sa poursuite, sachant que la boue rendra le passage du gué difficile. Otton, déjà passé sur l'autre rive, assiste au massacre d'une partie de son armée. Les deux ennemis se réconcilieront en 980. *979.*

CAROLINGIENS

FIN $\frac{751}{987}$

$\frac{987}{1328}$ **LES 14**

CAPÉTIENS

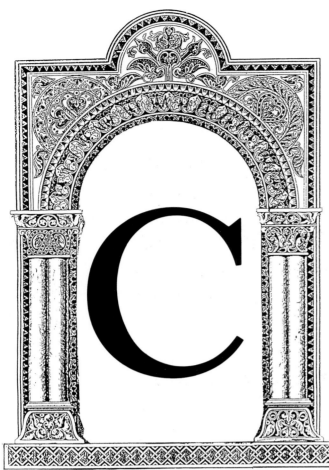

Le roi Hugues se plaît à porter une petite cape d'abbé laïque. En lui donnant le sobriquet de « capet », le peuple de Paris ne sait pas qu'il vient de donner un nom à la troisième et dernière race royale de France, la dynastie « capétienne » : elle donnera trente-six rois à la France, répartis en trois lignées, les Capétiens « directs », les Capétiens Valois et les Capétiens Bourbons. Louis XVI sera appelé, par dérision, Louis Capet !

Les Capétiens « directs » sont, comme avant eux les Carolingiens, submergés par la féodalité : le Roi n'est qu'un seigneur et son domaine, bien que royal, est exigu. Brusquement, avec Louis VI le Gros, la royauté « se réveille » et reconquiert son autorité disparue, aux dépens des vassaux indociles. Le domaine royal s'agrandit par l'annexion de fiefs comme ceux confisqués aux Plantagenets d'Angleterre et ceux des vassaux albigeois. Par sa victoire de Bouvines, Philippe Auguste assure la prééminence militaire de la France en Europe.

L'élection des Rois les mettait sous la dépendance de leurs vassaux, réunis dans une Cour des Pairs. Aussi, pendant deux siècles, les Capétiens associent-ils leur fils aîné au trône, de leur vivant... jusqu'au jour où la succession se fait automatiquement.

L'élection est ainsi escamotée. Pour abaisser la puissance des grands seigneurs, les Capétiens protègent les petits qu'ils mettent sous leur « sauvegarde » ainsi que les bourgeois des villes nouvellement affranchies. Ils interdisent les duels et limitent les guerres féodales en instituant la Trêve de Dieu.

Philippe IV le Bel élargit la Cour des pairs en créant les Etats Généraux, assemblée de toute la nation. Louis IX crée le Parlement, Cour d'Appel qui coiffe les tribunaux féodaux. L'administration est centralisée à Paris, nouvelle capitale, symbole de la puissance royale retrouvée.

En restaurant un pouvoir fort, les Capétiens se concilient le clergé français et évitent la suprématie du Pape. Ils jettent les bases du gallicanisme, c'est-à-dire d'une église de France indépendante de Rome, en installant un pape français en Avignon.

De 1096 à 1270, les rois capétiens participent au grand élan religieux des croisades, entreprises pour délivrer les « Lieux Saints » de Palestine, en particulier les lieux de la Passion du Christ, alors aux mains des Turcs. Ils relancent ainsi les voies commerciales de la Mediterranée.

En 1328, la monarchie féodale capétienne, prélude à la monarchie absolue, est la plus puissante et la mieux obéie de toutes les monarchies européennes.

ARBRE GÉNÉALOGIQUE DES CAPÉTIENS

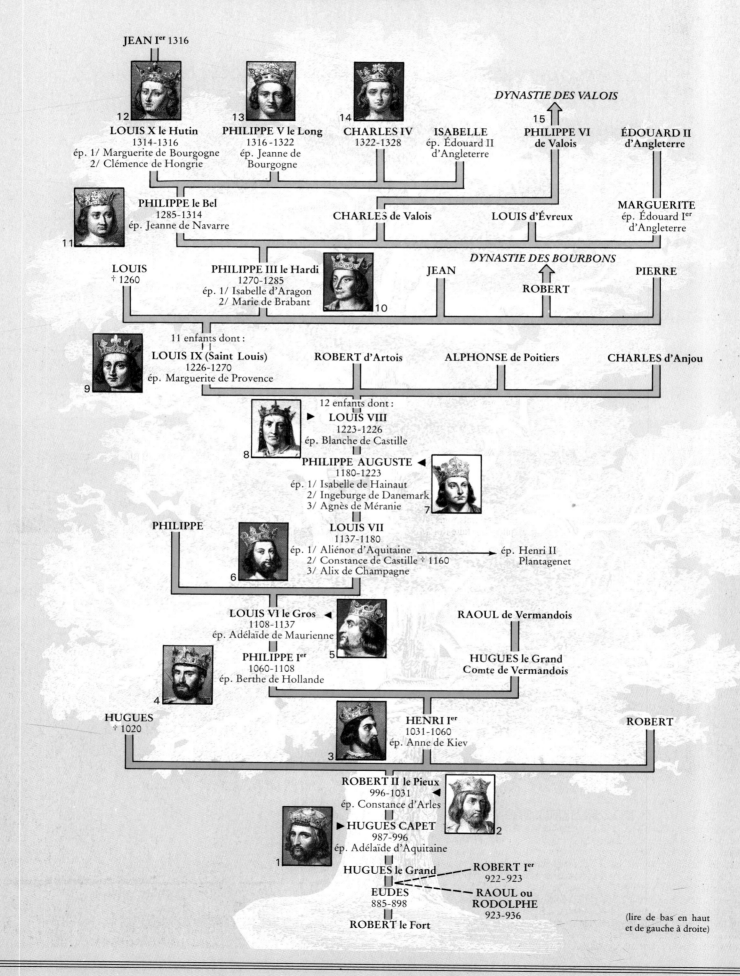

JEAN Ier 1316

DYNASTIE DES VALOIS

12 **LOUIS X le Hutin**
1314-1316
ép. 1/ Marguerite de Bourgogne
2/ Clémence de Hongrie

13 **PHILIPPE V le Long**
1316-1322
ép. Jeanne de
Bourgogne

14 **CHARLES IV**
1322-1328

ISABELLE
ép. Édouard II
d'Angleterre

15 **PHILIPPE VI**
de Valois

ÉDOUARD II
d'Angleterre

11 **PHILIPPE le Bel**
1285-1314
ép. Jeanne de Navarre

CHARLES de Valois

LOUIS d'Évreux

MARGUERITE
ép. Édouard Ier
d'Angleterre

LOUIS
† 1260

PHILIPPE III le Hardi
1270-1285
ép. 1/ Isabelle d'Aragon
2/ Marie de Brabant

10

JEAN

ROBERT

DYNASTIE DES BOURBONS

PIERRE

11 enfants dont :

9 **LOUIS IX (Saint Louis)**
1226-1270
ép. Marguerite de Provence

ROBERT d'Artois

ALPHONSE de Poitiers

CHARLES d'Anjou

12 enfants dont :

8 ▶ **LOUIS VIII**
1223-1226
ép. Blanche de Castille

PHILIPPE AUGUSTE ◀
1180-1223
ép. 1/ Isabelle de Hainaut
2/ Ingeburge de Danemark
3/ Agnès de Méranie **7**

PHILIPPE

6 **LOUIS VII**
1137-1180
ép. 1/ Aliénor d'Aquitaine ——→ ép. Henri II
2/ Constance de Castille † 1160   Plantagenet
3/ Alix de Champagne

LOUIS VI le Gros ◀
1108-1137
ép. Adélaïde de Maurienne

RAOUL de Vermandois

PHILIPPE Ier **5**
1060-1108
ép. Berthe de Hollande

HUGUES le Grand
Comte de Vermandois

4

HUGUES
† 1020

HENRI Ier
1031-1060
ép. Anne de Kiev
3

ROBERT

ROBERT II le Pieux
996-1031
ép. Constance d'Arles ◀

1 ▶ **HUGUES CAPET**
987-996
ép. Adélaïde d'Aquitaine

2

HUGUES le Grand – – – **ROBERT Ier**
922-923

EUDES
885-898

– – – **RAOUL ou**
RODOLPHE
923-936

ROBERT le Fort

(lire de bas en haut
et de gauche à droite)

HUGUES CAPET

👑

987-996

HUGUES CAPET

Arrière-petit-fils de Robert le Fort, fils de Hugues le Grand, comte de Paris, duc de France et de Bourgogne, Hugues Capet accède au trône que son père avait préparé, agrandi, fortifié pour lui. Hugues le Grand aurait pu facilement être roi de France mais il ne le voulut pas. Hugues Capet est élu et sacré roi à Noyon, en juillet 987. La France est une mosaïque de fiefs qui sont dans la « mouvance » du roi (c'est-à-dire qui lui doivent hommage) mais ne lui obéissent plus depuis longtemps. Le Domaine royal est réduit à un étroit territoire entre Compiègne et Orléans, et dans ce domaine certains seigneurs narguent le roi du haut de leurs donjons ou lui interdisent de traverser leurs terres. Seul un roi fort pourrait abattre leur morgue, cela ne se fera pas sous les quatre premiers Capétiens.

Hugues Capet s'installe à Paris, associe son fils Robert à la royauté en 987. Cette association au trône aura pour effet, à long terme de supprimer petit à petit l'élection du roi au profit de l'hérédité. Il épouse Adélaïde d'Aquitaine, dont il a trois enfants. Il fait de nombreuses concessions au clergé de France pour se le concilier, aide précieuse pour l'avenir. Il marche contre Charles de Lorraine qui avait été proclamé roi à Laon. Il le vainc grâce à la trahison de l'évêque Adalbéron, et le fait emprisonner à Orléans. Il meurt sans doute de la variole et est enterré à Saint-Denis.

LE SACRE D'HUGUES CAPET À NOYON : les rites d'un sacrement.
Toute l'Eglise est là avec les deux premiers évêques du royaume, ceux de Laon et de Beauvais. Adalbéron va officier. Il est archevêque de Reims. La Sainte Ampoule qui contient le baume bientôt mélangé à l'huile d'onction, a été apportée sous escorte de barons, lances dressées. Adalbéron vêt le roi de sa cotte de mailles et d'un surcot violet semé de fleurs de lys, oint son corps en cinq points, puis lui pose la couronne sur la tête. Il lui remet ensuite les insignes qui vont le faire Roi de droit divin et romain : sceptre, main de justice en ivoire, orbe et anneau d'or. Hugues devient un personnage sacré. Quiconque osera se rebeller contre lui commettra le crime de lèse-majesté... presque un sacrilège. *3 juillet 987.*

LA TERREUR DE L'AN 1 000 : une mauvaise lecture de l'Apocalypse. ▶
« Je vis un ange descendre du ciel tenant dans la main la clef de l'abîme, ainsi qu'une énorme chaîne. Il maîtrisa le Dragon — c'est Satan — et l'enchaîna pour 1 000 ans ». Ainsi écrivit Jean dans son Apocalypse. Ainsi se fonda la doctrine du millénarisme. A l'approche de l'an 1 000, il était important de savoir à partir de quelle date il fallait compter : l'année de la naissance du Christ ou, comme l'avait dit Saint Augustin au début du Ve siècle, la date de sa résurrection ? Si Satan doit se déchaîner, il peut donc le faire de l'an 1 000 à l'an 1 033. Pendant ce temps, tout évènement anormal prendra valeur d'avertissement. L'Eglise entretint l'inquiétude et incita à la pénitence. Il y eut un renouveau des abbayes, des départs en pèlerinage vers Rome et Jérusalem, des trèves chez les chevaliers, mais aussi des persécutions contre les juifs et des bûchers allumés pour les sorcières et les hérétiques.

ROBERT LE PIEUX
dit « Auguste », « le Pacifique »,
« le Glorieux »

👑

996-1031

HENRI Ier

👑

1031-1060

Il est d'abord duc de Bourgogne, puis associé au trône et sacré à Orléans le jour de Noël 987. Les rois pouvaient être sacrés dans une ville royale mais il fallait que ce soit l'archevêque de Reims qui préside le sacre. Homme d'une grande instruction, il s'adonne principalement aux études théologiques qui lui vaudront son surnom.

Il est excommunié par le Pape en 998 parce qu'il a répudié sa femme Rozala, fille du roi d'Italie, pour épouser Berthe de Bourgogne, sa parente. Vers 1003, il épouse Constance d'Arles, fille du comte de Toulouse. Mais il est très malheureux. Ses deux fils, poussés par leur mère, se révoltent contre lui. Une guerre de dix ans lui rend le duché de Bourgogne qu'il avait reçu en héritage, en 1015, et il l'octroie à son second fils Robert, réservant la couronne royale à l'aîné Henri. Sa politique extérieure consiste à essayer d'empêcher que la partie située entre la France et l'Allemagne, Lorraine et Bourgogne (depuis 843), ne passe aux mains de l'empereur germanique. Il n'obtient aucun résultat, manquant de moyens et d'autorité.

Son règne est marqué par d'horribles famines et de perpétuelles guerres féodales.

Il meurt d'une cause inconnue en juillet 1031 et est enterré à Saint Denis.

LA BATAILLE D'HASTINGS : affreux sujet pour une belle tapisserie. ▶
Bataille qui va donner la victoire à Guillaume, fils de Robert le Diable, contre Harold, prétendant au trône d'Angleterre. Bataille terrible où 50 000 combattants vont s'affronter, de l'aube au coucher du soleil. Partie de l'embouchure de la Dives, l'armée de Guillaume débarque, se bat, gagne et tue Harold. Guillaume le Conquérant, duc de Normandie, devient roi d'Angleterre. Il sera couronné par l'archevêque d'York. Cette épopée fut racontée vingt-deux ans plus tard sur une tapisserie brodée... par des Saxons et non par Mathilde, femme de Guillaume, qui n'aurait pas eu assez de sa vie à Bayeux, pour la terminer. *14 octobre 1066.*

Tout d'abord il doit défendre son trône contre sa mère, Constance d'Arles, qui veut le donner à son frère Robert. Il intervient dans toutes les guerres féodales, notamment pour défendre Guillaume le Bâtard, duc de Normandie. Puis il se brouille avec lui et est écrasé à Mortemer en 1054. Il crée la fonction de « connétable », commandant suprême de l'armée royale (charge supprimée en 1627 par Richelieu). Il acquiert le comté de Sens. Il épouse Mathilde, la nièce de l'empereur germanique, puis Anne de Kiev, fille du grand-duc Iaroslav. Il meurt, peut-être empoisonné. Il est enterré à Saint Denis.

PHILIPPE Iᵉʳ

👑

1060-1108

LOUIS VI LE GROS
dit « le Grand », « le Chassieux »,
« l'Éveillé »

👑

1108-1137

Associé au trône en 1059, il est sacré à Reims le 23 mai 1059. Deux grands évènements se passent sous son règne, à l'égard desquels il ne réagit pas : la conquête de l'Angleterre par Guillaume le Conquérant et la première Croisade. Prêchée par le pape Urbain II en 1095 à Clermont en Auvergne, elle a pour but de conquérir Jérusalem et d'arracher le Saint-Sépulcre aux musulmans.

Il doit se battre contre Guillaume le Conquérant, pour défendre le duc de Bretagne, attaqué dans ses terres. Il force Guillaume à lever le siège de Dol.

Comme son grand-père, il encourt l'excommunication pour des raisons conjugales. Son pouvoir est tellement contesté qu'il associe son fils, le futur Louis VI, au trône en 1101. Il réunit à la France le Gâtinais et la vicomté de Bourges. Obèse, indolent, oisif, il finit ses jours au château de Melun, résidence royale des premiers Capétiens. Il est enterré au monastère de Fleury-sur-Loire.

Son avènement est décrit parfois comme « le réveil de la royauté ». Il est sacré à Orléans en 1108 par l'archevêque de Sens. Il a épousé Lucienne de Rochefort en 1104 mais son mariage est déclaré nul au concile de Troyes en 1107 pour raison de consanguinité. Il épouse ensuite Adélaïde de Maurienne ou de Savoie en 1115.

Rude soldat, il soumet tous ses vassaux révoltés. Il combat également Henri Iᵉʳ d'Angleterre pour reconquérir la Normandie, mais est battu à Brenneville en 1119. Pour la première fois apparaît l'oriflamme − bannière des rois de France, formée de flammes rouge et or aux couleurs de l'abbaye de Saint-Denis − et le cri de guerre « Montjoie Saint-Denis ». Il favorise l'institution des « communes » en émancipant les villes encore asservies sous le joug féodal qui deviennent alors entièrement dévouées au roi. En 1131, il associe au trône son deuxième fils, Louis VII. Il meurt à Paris de dysenterie et est enterré à Saint-Denis.

◀ **LA CROISADE DE PIERRE L'ERMITE : embûches sur la longue route de la foi.** Quel zèle a ce moine ! En plein hiver, Pierre parcourt des provinces entières sur un âne, appelant les pauvres à partir en croisade pour libérer les Lieux Saints de la présence des infidèles. Une horde enthousiaste le suit dès le printemps de l'an 1096. Ces vilains ont faim, alors ils pillent. Ils obéissent à ceux qui crient le plus fort, alors ils massacrent des juifs en Allemagne. Ils n'ont jamais porté d'armes, alors ils se font décimer dans les plaines de Hongrie et plus loin en Turquie. Combien verront arriver à leur secours l'armée des chevaliers croisés conduite par Godefroi de Bouillon ? Très peu. Combien verront Jérusalem le 7 juin 1099 ? Encore moins. Pierre donnera le goût de la liberté à beaucoup de malheureux, un goût bien amer... *1096-1099.*

LOUIS VII LE JEUNE
dit «Flores» et «le Pieux»

1137-1180

PHILIPPE II AUGUSTE
dit «le Dieudonné», «le Magnanime»,
«le Conquérant»

1180-1223

Associé au trône et sacré à Reims le 25 octobre 1131, il est roi le 1er août 1137. Il épouse Aliénor d'Aquitaine en 1137 avant de monter sur le trône. La France allait enfin s'étendre vers le sud. Hélas, il n'en sera pas ainsi : en effet Louis VII, en guerre contre le comte Thibaut de Champagne, met le feu à l'église de Vitry et tue 1 300 personnes réfugiées dans l'église. Pris de remords, il jure d'expier son crime et part pour la IIe Croisade prêchée par saint Bernard à Vézelay, en 1146, malgré les remontrances de son ministre Suger. Le roi revient en 1149, après avoir essuyé des revers à Satalieh et à Damas. A son retour de croisade, il répudie sa femme, Aliénor, soupçonnée d'adultère. Celle-ci se remarie avec Henri Plantagenet, reprenant sa dot, l'Aquitaine, qui échoit à son nouveau mari. Or, ce seigneur français qui possède déjà la Touraine, l'Anjou, la Normandie, va devenir roi d'Angleterre en 1154, sous le nom de Henri II. Henri II est le vassal de Louis VII, mais est beaucoup plus puissant car il possède la moitié la plus riche de la France. Ennemi juré de ce prince, Louis VII soutient Thomas Becket, l'archevêque de Cantorbéry, contre lui.

Il épouse ensuite, en 1154, Constance de Castille, qui meurt en couches en 1160, puis Alix de Champagne, mère de Philippe Auguste.

Suger ordonne la construction de la nouvelle abbaye de Saint-Denis et du château de Fontainebleau. En 1170, Louis VII donne la prérogative du sacre des rois à l'église de Reims. Il adopte définitivement les fleurs de lis comme emblème de la Maison de France.

Le Roi meurt de cachexie paralytique, et est enterré à l'abbaye de Barbeaux qu'il avait fondée près de Melun.

« Auguste » parce qu'il est né au mois d'août, il a quinze ans lorsqu'il arrive au pouvoir. Associé au trône et sacré à Reims le 1er novembre 1179, il est roi le 18 septembre 1180. Pour remplir le trésor royal, il commence son règne en persécutant les Juifs, qui sont les usuriers de la chrétienté, la religion catholique interdisant le prêt à intérêt.

LA BATAILLE DE VERNON : Cœur de Lion mérite bien son nom.
Parce que la fille d'un roi d'Angleterre épouse un comte d'Anjou ; parce que de cette union naît Henri II, dit Plantagenet ; parce que ce roi a un fils, Richard, surnommé Cœur de Lion, de la reine Aliénor d'Aquitaine, femme répudiée du Roi de France, Louis VII, Philippe Auguste doit compter avec l'Angleterre. En 1190, il consent à suivre Richard à la troisième croisade, décidé à revenir avant lui pour reprendre son domaine, la Normandie. Mais il échoue devant Rouen et Richard, rentré avec retard, se rattrape en battant Philippe Auguste à Vernon en 1198. D'un courage extraordinaire et d'une force exceptionnelle, ce roi d'Angleterre au cœur de lion fait ensuite construire sur la Seine une superforteresse, Château-Gaillard, pour barrer la route normande. *1198.*

Dans la rivalité qui oppose les souverains français aux Plantagenets, il va se servir de son avantage de suzerain et exploiter avec adresse les querelles familiales entre Henri II et ses deux fils : Richard Cœur de Lion et Jean sans Terre (appelé ainsi car son père ne lui a pas laissé d'apanage). Il comprend vite que leur force est plus apparente que réelle.

En 1190, Richard Cœur de Lion, Philippe Auguste et l'empereur Frédéric Barberousse partent ensemble pour la Troisième Croisade. Ils prennent Chypre et Saint-Jean d'Acre en 1191. Mais ils se brouillent et se séparent. Philippe Auguste regagne la France et intrigue avec Jean sans Terre contre Richard. Après maintes péripéties, le souverain anglais revient de la croisade et écrase successivement le prince Jean et Philippe Auguste. Les deux souverains se réconcilient néanmoins, juste avant la mort de Richard qui survient en 1199.

Pour succéder à son frère, Jean sans Terre fait assassiner, en 1203, son neveu, Arthur de Bretagne, vassal de Philippe Auguste. Ce dernier le somme de comparaître devant ses pairs pour ce crime, mais Jean sans Terre refuse de venir. Plus tard, sommé à nouveau de comparaître pour avoir insulté un de ses vassaux poitevins, il s'abstient

encore et Philippe Auguste confisque tous ses fiefs de France : Normandie, Maine, Touraine, Anjou et Poitou. Jean sans Terre forme une coalition contre lui, comprenant le comte de Flandre, les seigneurs de Hollande et de Lorraine et l'empereur Otton IV. Le 27 juillet 1214, ils s'affrontent à Bouvines en Flandre où Philippe Auguste remporte une fabuleuse victoire, qui lui donne la prééminence sur tous les souverains d'Europe. Cette victoire entraîne contre Jean sans Terre une révolte des barons et de l'Eglise d'Angleterre qui l'obligent à accepter la Grande Charte (1215), base des libertés anglaises. L'année suivante, il viole la Charte et les barons le destituent.

La menace de son vassal d'outre-mer a mis en garde Philippe Auguste contre les grands vassaux. Dans les querelles il intervient toujours en faveur des petits. Il réorganise complètement la cour des pairs pour mieux la dominer. Il décide que certains procès ne pourront être jugés que par lui. Comme son père, il protège les communes, augmente leurs privilèges. Il veut donner aux notables bourgeois des responsabilités politiques, ainsi la garde du trésor et du sceau royal, pendant qu'il est à la croisade.

Il fait de Paris la capitale de la France et il en fait daller

LA PRISE DE CHÂTEAU-GAILLARD, FORTERESSE ANGLAISE.
Richard Cœur de Lion meurt en 1199, sans enfants. Son frère, Jean Sans Terre, lui succède comme duc de Normandie... et d'Aquitaine. Prendre l'imprenable Château-Gaillard devient pour Philippe Auguste le meilleur moyen d'impressionner son rival anglais. Franchir une triple enceinte, combler d'énormes fossés, saper à sa base une tour de vingt mètres de diamètre, furent des opérations difficiles, menées avec patience et intelligence. Huit mois de siège permettent au premier Français de pénétrer dans ce symbole de pierre... par la fenêtre des lieux d'aisance ! Les 185 défenseurs, assiégés dans le donjon, capitulent. Jean sans Terre, effrayé par ce succès, ne songe plus à défendre ses autres places fortes et, en 1204, Philippe Auguste est maître de la Normandie. *Avril 1204.*

LA BATAILLE DE BOUVINES : presque la mort avant la gloire.
Le Nord est à l'orage. Jean sans Terre a convaincu Otton IV, empereur d'Allemagne, le duc de Brabant, les comtes de Flandre et de Boulogne, d'attaquer Philippe Auguste sur la frontière du Nord. Quarante mille guerriers tentent d'en écraser vingt cinq mille autres à Bouvines près de Lille. Mais la France gagne après six heures de combat. Philippe Auguste manque d'être tué. Otton est désarçonné et Ferrand, Comte de Flandre, ramené vers Paris au milieu d'une liesse populaire sans précédent après une bataille. La royauté capétienne, incarnée par la présence du roi au combat, s'auréole de puissance. Les vaincus vont payer cher leur défaite : Otton est déchu, Jean Sans Terre voit sa noblesse appeler le fils du roi de France, Louis, sur le trône d'Angleterre. La mort subite de Jean sans Terre empêchera ce projet d'aboutir. *27 juillet 1214.*

PHILIPPE II AUGUSTE

les rues. Il étend les quartiers de la rive droite de la Seine, élève des Halles, construit la forteresse du Louvre et une enceinte nouvelle. Les bâtisseurs de Notre-Dame continuent d'être à pied d'œuvre jusqu'en 1245. Il protège l'Université de Paris, « la fille aînée des rois de France ».

Dans son domaine royal, il institue des fonctionnaires nouveaux : les baillis (appelés sénéchaux dans l'ouest et le sud) qui, comme nos préfets actuels, surveillent les officiers locaux, les prévôts. Il crée enfin une petite armée de métier.

Il a épousé en 1180 Isabelle de Hainaut qui meurt en 1190. Il se remarie ensuite avec Ingeburge de Danemark en 1193, qu'il répudie pour Agnès de Méranie (du Tyrol). Excommunié par le Pape, il reprend Ingeburge en 1200 et l'excommunication est levée. Agnès meurt de chagrin au château de Poissy en 1201.

A la fin du XIIᵉ siècle les comtés de Toulouse, de Béziers et de Béarn étaient le siège d'une hérésie originaire de l'Orient, l'hérésie cathare ou albigeoise. Le pape Innocent III veut l'extirper et organise deux croisades : l'une en 1209-1213 avec Simon de Montfort pour chef, l'autre en 1221 commandée par Louis, le futur Louis VIII, fils de Philippe

LOUIS VIII DE MONTPENSIER
dit «le Lion Pacifique », « Cœur de Lion »

1223-1226

DEUX PROGRAMMES POUR PARIS : propreté et sécurité.
Chaque fois qu'il entre dans sa capitale, le roi est écœuré par les odeurs nauséabondes des eaux croupies ou le spectacle des porcs, qui traînent les cadavres qu'ils ont déterrés. Dès 1185, il établit un programme « propreté de Paris » : les marchés sont assainis par des égouts, de l'eau arrive de Belleville dans des fontaines et le cimetière des Innocents est entouré d'un mur. Les deux rues principales sont pavées de grès. Vient ensuite le programme « Sécurité de Paris » : construction de la forteresse du Louvre et d'une enceinte de 6 kilomètres de long et 10 mètres de haut sur chaque rive de la Seine avec 12 portes d'entrée. Ainsi Paris est protégé, son trésor royal aussi. Chaque soir des chaînes sont tendues au travers de la Seine pour éviter les incursions ennemies.

Auguste. A cette occasion, le Pape crée l'Inquisition pour rechercher et punir l'hérésie. Ces croisades vont préparer l'annexion du Languedoc au domaine royal. Le Roi ne participe que très peu lui-même à ces croisades.

Il meurt à Mantes de la fièvre quarte après quarante-quatre ans de règne. Il est inhumé à Saint-Denis.

C'est le premier roi capétien qui n'ait pas été associé au trône du vivant de son père. D'aspect chétif, très petit, il possédait l'esprit de décision et l'ambition de son père. Après avoir été brièvement roi d'Angleterre, il devient roi de France le 14 juillet 1223 et est sacré à Reims le 6 août suivant. Marié à Blanche de Castille, fille d'Alphonse VIII de Castille, le 23 mai 1200, il aura douze enfants.

Il continue admirablement l'œuvre de son père. Les Anglais avaient tenté de lui reprendre les annexions de Philippe Auguste sur le territoire français, faites aux dépens de Jean sans Terre. Louis VIII reconquiert par les armes le Poitou, le Limousin, le Périgord, l'Aunis et la Saintonge. Plus pieux que son père, il se laisse entraîner par le Pape dans la deuxième croisade contre les Albigeois. Le comté de Toulouse (Languedoc) avait été conquis par Simon de Montfort entre 1212 et 1218. Depuis, son fils Amaury de Montfort l'avait cédé à Louis VIII, mais le comté avait été repris par le comte Raymond VII. Louis VIII entreprend sa reconquête en 1226. Il assiège Avignon qui se rend après une longue résistance. Les autres villes du comté se soumettent immédiatement sans se battre et Louis VIII l'annexe à la France sous le nom de Languedoc et met fin à l'hérésie albigeoise. Il meurt de dysenterie, le 8 novembre 1226. Il est enterré à Saint-Denis.

✿

LOUIS IX
dit «le Saint»

1226-1270

traité de Paris en 1229 ; les sénéchaussées de Beaucaire et de Carcassonne passent à la France, tandis que le Languedoc échoit au frère de Louis IX, Alphonse. A la mort de ce dernier, en 1271, le Languedoc est réuni à la France. La reine douairière se heurte à une forte réaction des grands vassaux que Philippe Auguste avait domestiqués, mais les soumet un à un, renforçant ainsi la « monarchie féodale » inaugurée par Philippe Auguste.

Louis IX est un roi sincèrement pieux. Il se fait construire à Paris une chapelle privée, la Sainte-Chapelle, pour ses prières quotidiennes. Certains seigneurs le raillent, en l'appelant « frère Louis ».

Sa première vertu est la charité ; il multiplie les institutions charitables comme l'Hospice des Quinze-Vingt où il recueille trois cents aveugles. Il veille personnellement à ce que les pauvres aient à manger, il leur lave les pieds le Vendredi Saint et soigne les lépreux en Terre Sainte.

La justice est sa seconde vertu. Il crée un Tribunal d'Appel, le Parlement, qu'il veut accessible à tous, riches et pauvres, nobles et roturiers. Il condamne les seigneurs criminels, fait surveiller ses barons par les baillis. Il crée une monnaie d'or, plus stable, et l'impose aux seigneurs.

Il a douze ans lorsqu'il accède au trône le 8 novembre 1226. Il est sacré à Reims le 29 avril 1236. Son ami et historiographe, Joinville, le décrit comme un beau chevalier, grand, svelte, blond, au teint clair et aux yeux bleus. Sa mère, Blanche de Castille, exerce la régence jusqu'à sa majorité. Elle met fin à la croisade des Albigeois par le

VINCENNES : SAINT LOUIS REND LA JUSTICE SOUS UN CHÊNE.
Certains jours, les rois capétiens rendent la justice en personne, assistés des officiers royaux et de grands vassaux : ces séances s'appellent « la Cour du Roi », la curia regis. Mais quand le nombre d'affaires à juger devient trop important, ils créent un parlement au cours duquel une cour judiciaire donne son assentiment aux mesures prises par le souverain. Saint Louis aime tenir ces « plaids de la porte », sous un chêne, à Vincennes, lieu de sa résidence. Gardien de la paix publique, il semble ici se faire aussi le gardien de la paix d'une mère : les ressentiments qu'elle a à l'encontre d'un méchant comte armé d'une serpe à long manche, sont-ils justifiés ? Un chambellan se permet un avis.

SAINT LOUIS ARRIVE À DAMIETTE EN ÉGYPTE : victoire sur le Nil.
Louis IX, vainqueur à 28 ans de tous ses ennemis, entreprend la septième croisade. Il s'embarque à Aigues Mortes le 28 août 1248 et ne regagnera la France qu'en 1254, deux ans après la mort de sa mère, Blanche de Castille. Après un long arrêt à Chypre, dû à une épidémie de peste, son armée arrive en Egypte en juin 1249. La première victoire contre les musulmans a lieu à Damiette, une ville sur la rive orientale du Nil. Sa femme, Marguerite de Provence, l'accompagne. Elle accouchera d'un fils, Jean, sur le sol égyptien. Damiette sera la seule victoire française. Saint Louis, fait prisonnier avant d'atteindre Le Caire, devra payer rançon. Il restera quatre ans en Palestine pour réparer les places fortes des croisés. *1249.*

LOUIS IX

Sa troisième vertu est un profond amour de la paix. Il interdit les duels et limite les guerres privées entre « Chrétiens », en instituant la « Quarantaine le roi », sorte de trêve de quarante jours qui doit obligatoirement précéder les guerres féodales. Lui-même se heurte à deux de ses vassaux, le comte de la Marche et Henri III Plantagenet, qui lui refusent l'hommage. Après les avoir vaincus, il leur pardonne et leur impose une paix équitable. Il signe également avec le roi d'Aragon la paix de Corbeil en 1258, qui lui reconnaît le Languedoc. Son prestige devient tel que, partout dans le monde, on recourt à sa médiation : ainsi réussit-il à réconcilier le Pape et l'empereur Frédéric II, les barons d'Angleterre et leur Roi. Les Mameluks eux-mêmes, lorsqu'il est leur prisonnier, l'appellent « le sultan juste ».

Un seul combat trouve merci à ses yeux, la Guerre Sainte. Toute sa vie, il a rêvé de se battre contre l'Infidèle. Tentant de ressusciter une ferveur éteinte, il s'embarque, en 1248, avec femme, enfants et hommes de guerre, pour l'Egypte musulmane. Après la victoire de Damiette, son armée est surprise par une crue du Nil et Louis est fait prisonnier. Délivré par une rançon, il fait voile vers la Palestine, où, pendant quatre ans, il soigne les malades, délivre

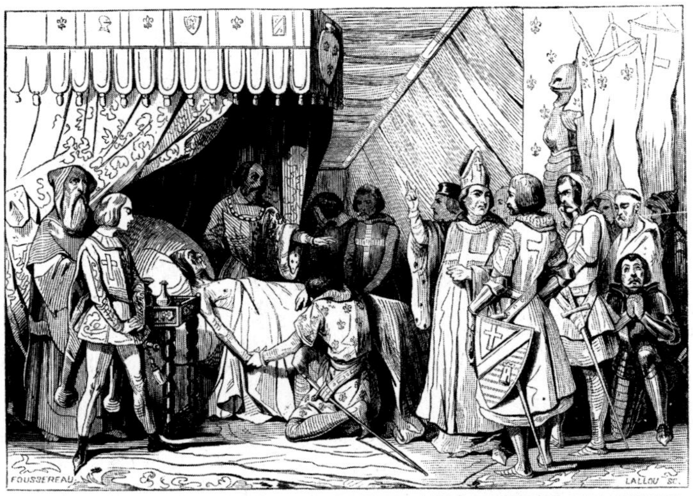

SAINT LOUIS MEURT DE LA PESTE AUX PORTES DE TUNIS. Jérusalem, cité sainte dont le roi ne verra jamais que les murs malgré une première croisade qui dura sept ans et un second départ courageux pour une dernière croisade. Jérusalem, capitale d'un autre royaume dont il prononce le nom avant de mourir aux portes de Tunis, d'un royaume de l'au-delà où pour lui doivent régner la justice et la bonté. Jérusalem céleste, vision de l'Apocalypse de Jean, le prénom de son fils, né sur cette terre d'Afrique et qui va y mourir la même année que lui, de la même maladie, la peste. Jérusalem, dernier mot dans un dernier souffle. Le roi meurt. Il a cinquante six ans. Le sultan de Tunis restera musulman. Il n'y aura plus d'autre croisade vers la Terre Sainte. ***25 août 1270.***

les prisonniers, répare les châteaux forts. Mais, apprenant la mort de sa mère, en 1252, il regagne la France. De nouveau, en 1270, quoique malade, il entreprend une nouvelle croisade contre le sultan de Tunis. Mais à peine arrivé sous les murs de la ville, il est emporté par une épidémie de peste. On rapatrie son corps pour l'enterrer à Saint-Denis. Louis IX est canonisé en 1297.

PHILIPPE III

dit « le Hardi », « le Doux », « le Débonnaire »

1270-1285

Il est reconnu roi en 1270, à Tunis. A son retour en France, il perd sa femme, Isabelle d'Aragon, qui fait une chute de cheval mortelle en revenant de la Croisade, en Calabre, le 28 janvier 1271. Il se remariera avec Marie de Brabant en 1275. Il est sacré à Reims en 1271, par l'évêque de Soissons, l'archevêché de Reims étant vacant. Il continue la politique de son père à l'égard des seigneurs féodaux : il force le comte de Foix à lui céder le haut comté de Foix parce qu'il lui refusait l'hommage. Il force le peuple de Navarre à obéir à sa reine, fiancée à son propre fils, Charles de Valois, lequel, frère de roi, fils de roi, oncle de roi et père de roi, n'a jamais été roi lui-même, mais a donné naissance à la dynastie des Valois, dont le premier roi sera son fils.

En 1282, 8 000 Français établis en Sicile, dont Charles d'Anjou était souverain, sont massacrés, le lundi de Pâques, au son des cloches. Persuadé que le roi d'Aragon était l'instigateur de ces « vêpres siciliennes » parce qu'il était l'ennemi de Charles d'Anjou, roi de Sicile, le Pape pousse Philippe à intervenir contre Pierre III d'Aragon, en Catalogne. Une épidémie de typhus décime son armée qui, vaincue, bat en retraite. Philippe III meurt à Perpignan de ce fléau. Il est enterré à Saint-Denis.

Pendant son règne, le royaume s'est vu agrandir du Poitou, du comté de Toulouse, du Perche, du comté d'Alençon et des comtés de Nemours et de Chartres qui sont hérités ou achetés.

PHILIPPE IV
dit «le Bel»

1285-1314

une Assemblée, composée des trois « ordres » de l'Etat : le Clergé, la Noblesse et le Tiers Etat (bourgeois, paysans, artisans que l'on appelle les « roturiers »). Cette Assemblée s'appelle les Etats Généraux et sera consultée ultérieurement dans tous les cas difficiles. Elle représente l'ensemble de la « Nation ». Guillaume de Nogaret, légiste conseiller du Roi, propose alors de réunir un Concile pour juger le Pape. Il le somme de comparaître mais celui-ci meurt quelques semaines plus tard, en 1303.

Philippe IV profite de sa mort pour faire nommer un pape français, l'évêque de Bordeaux, Clément V, qui réside désormais à Avignon. Pendant 70 ans, de 1309 à 1376, les papes vont y demeurer et y construiront un splendide palais. L'indépendance gallicane est assurée.

En 1312, le Roi obtient du Pape l'abolition de l'ordre des Templiers. Ses raisons sont mystérieuses, mais il semble que ce soit une affaire d'argent. En effet Philippe cherchait désespérément des subsides pour le Trésor royal. Or les Templiers étaient devenus une puissance internationale qui défiait et le Roi et le Pape. Leurs fabuleuses richesses excitaient la convoitise... Cet ordre avait été créé à Jérusalem en 1119 pour garder les Lieux Saints. C'était un ordre

Le fils de Philippe III est sacré à Reims le 6 janvier 1286. C'est un homme impénétrable, silencieux, dont on ne cerne pas bien la personnalité. Son abord est redouté des ambassadeurs, certains le trouvent influençable, d'autre « fier comme un lion ». Une chose est certaine, c'est qu'il vit entouré de légistes – on appelait ainsi les hommes qui se consacraient à l'étude du droit romain, le droit qui proclame que le Roi doit être maître de ses sujets – et que l'influence de ces légistes a donné à son règne une importance capitale. On sait aussi, son surnom le prouve, qu'il était beau, ou plutôt imposant.

Il termine la guerre de son père en signant le traité de Tarascon avec le roi d'Aragon. Il se bat ensuite contre le roi d'Angleterre Edouard Ier, allié au comte de Flandre. Par le traité de Montreuil signé en 1299, Philippe IV reçoit le comté de Flandre et donne sa fille en mariage au futur Edouard II d'Angleterre.

Deux grandes affaires ont occupé son règne : un conflit avec le Pape et l'élimination des Templiers.

Le pape Boniface VIII était très intransigeant. Philippe IV avait levé des impôts sur le clergé de France sans lui demander l'autorisation. De longue date, les papes voulaient exercer sur toutes les couronnes de la Chrétienté une suzeraineté non seulement spirituelle (sur les âmes) mais aussi temporelle (sur les terres et édifices). Cette prétention s'appelle l'« ultramontanisme », parce que le pape est « au-delà des monts ». Les rois de France lui opposent le « gallicanisme » qui proclame, au contraire, l'indépendance de l'Eglise des Gaules, laquelle dispose de la puissance temporelle en France. Le Roi en est le chef et nomme les évêques qui sont ensuite investis par le Pape. Intraitable, le vieux Boniface VIII excommunie Philippe IV. Celui-ci, poussé par ses conseillers légistes, crée en 1302

LA MORT DE JACQUES DE MOLAY, CHEF DES TEMPLIERS. Les pauvres chevaliers du Christ, compagnons de Godefroi de Bouillon lors de la première croisade, fondèrent leur ordre en 1119 et prirent le nom de Templiers quand ils s'installèrent dans un Palais de Jérusalem, proche de l'ancien temple de Salomon. Ces gendarmes de la Palestine sont tous nobles et puissants. Le Temple de Paris est une des plus hautes seigneuries. Philippe le Bel les fait tous arrêter le même jour dans tout le royaume, le 13 octobre 1307 : ils sont 15 000 chevaliers. C'est la plus importante arrestation collective faite par un roi de France. Atrocement torturés, beaucoup meurent, d'autres sont brûlés. Leur maître, Jacques de Molay, eut un sort particulièrement pénible : après sept ans de cachot, il fût brûlé avec l'un de ses derniers compagnons sur un terre-plein de la Seine à Paris. On dit qu'il condamna le Roi et le Pape à comparaître sous un an devant le « Tribunal de Dieu » : ils moururent tous les deux dans le mois qui suivirent. ***19 mars 1314.***

PHILIPPE IV

de moines-soldats qui, malgré leur vœu de pauvreté s'étaient enrichis par les donations des pèlerins. Après la perte de la Palestine, ils s'étaient réfugiés à Chypre et formaient une sorte de société secrète qui prêtait de l'argent aux rois. Philippe IV avait déjà tellement emprunté qu'il ne pouvait pas rembourser, et il en voulait davantage. Le meilleur moyen n'était-il pas de s'adjuger ce fameux trésor des Templiers ? En 1307, avait commencé leur procès, dirigé par Guillaume de Nogaret ; ils sont accusés de fraude et de vol. Or les Templiers dépendent du Pape. Clément V donne son accord et fait arrêter cent trente-huit Templiers qui sont torturés par l'Inquisition, laquelle les accuse de pratiques non religieuses. Certains meurent sous la torture, d'autres sont condamnés au bûcher, tel leur grand maître, Jacques de Molay, pourtant homme réputé intègre... Ils sont morts avec leur secret : comment avaient-ils acquis ces richesses ? Etaient-ils une société secrète fonctionnant pour son compte ou dépendaient-ils du Pape ? Etaient-ils réellement impies ? On s'interroge encore.

De par son mariage en 1284 avec Jeanne de Navarre, héritière du royaume, Philippe est devenu « roi de France et de Navarre », titre que tous les rois vont porter après lui. Il reçoit en dot le Quercy, la Champagne, la Brie et la Flandre française (cette dernière ne lui restera pas) et la ville de Lyon.

Il est le créateur de l'Administration française. Non seulement, en 1302, il convoque pour la première fois les Etats Généraux (lors desquels, chose étonnante pour l'époque, les députés du Tiers Etat sont élus au suffrage universel), assemblée générale de la Nation appelée à jouer un grand rôle, ultérieurement, mais il sédentarise aussi à Paris le Parlement, cour de justice créée par Saint Louis. Il en détache un conseil politique, le Grand Conseil ou Conseil d'Etat et un tribunal financier, la Cour des Comptes (qui existent encore de nos jours). Paris devient dès lors le centre de la France d'où partent les ordres, centre qui prive de plus en plus les seigneurs et le clergé de leurs privilèges. Le domaine royal est devenu un grand Etat.

Philippe IV meurt à Fontainebleau, probablement de la fièvre typhoïde, et est enterré à Saint-Denis.

LOUIS X
dit «le Hutin»

1314-1316

Fils de Philippe IV. D'abord roi de Navarre, comte de Champagne et de Brie, il est sacré à Reims le 24 août 1315. Il règne dix-huit mois. On ne sait pas d'où lui vient son surnom. Il épouse Marguerite de Bourgogne en 1305, puis Clémence de Hongrie en 1315. Il assiste, impuissant, à une formidable réaction des vassaux qui ont perdu leurs privilèges sous Philippe IV et meurt, sans doute d'une pneumonie, à Vincennes. Il est enterré à Saint-Denis.

JEAN Ier
dit « le posthume »
Né le 13 ou 14 novembre 1316
Mort le 19 ou 20

On ne sait pas s'il n'a pas été assassiné ou enlevé et remplacé par un enfant mourant. Toujours est-il que du mois de juin au mois de novembre 1316 il n'y a pas de roi. Philippe, second fils de Philippe le Bel, exerce la régence. Louis X a une fille, Jeanne de Navarre. Est-elle en droit de régner à la place de son jeune frère défunt ? Le régent Philippe convoque une Assemblée des barons qui le proclame roi (le 2 décembre 1316), en vertu de la « loi salique », une loi jamais écrite, qui exclut les femmes du trône. Cette situation va se retourner contre lui car il ne laisse que des filles qui seront, à leur tour, déshéritées au profit de son frère Charles IV en vertu de la même loi salique. La même situation va se retrouver en 1328 : à la mort de Charles IV – le dernier Capétien de la branche aînée – une nouvelle dynastie montera sur le trône, celle des Valois.

| PHILIPPE V |
| dit «le Long», le Grand», le Borgne» et «le Beau» |
| 1316-1322 |

| CHARLES IV |
| dit «le Bel» |
| 1322-1328 |

Il est sacré à Reims le 9 janvier 1317.

Il doit réprimer un soulèvement des « Pastoureaux », bergers et vagabonds qui dévastaient les châteaux et les églises, puis régler la question de la Flandre française qui est restituée en 1320. Ensuite il s'occupe de l'administration intérieure : il uniformise la monnaie dans tout le royaume ; comme ses prédécesseurs, il continue à affranchir des serfs. Il arme des milices urbaines. Il innove peu. Jeanne de Bourgogne, sa femme, ne lui donne que des filles. Il meurt de dysenterie et est enterré à Saint-Denis.

D'abord comte de la Marche, frère de Philippe V, il est sacré à Reims le 11 février 1322. Très hostile à son frère, il lui succède sans que ses nièces ne songent à lui disputer le trône. Il trouve le trésor ruiné par l'« administration » de son frère et punit et dépouille les financiers lombards. Puis il aide sa sœur Isabelle, femme d'Edouard II d'Angleterre à former un groupe de mécontents et à se rebeller contre son mari débauché. Edouard II est arrêté et mis à mort en 1327. Son fils Edouard III enfermera sa mère dans un château fort pour la punir et n'hésitera pas à disputer la couronne de France à Philippe de Valois en faisant valoir les droits de sa mère, en 1328. En 1324, Charles IV mène la « guerre des Bâtards » contre des seigneurs de Gascogne alliés des Anglais, qui dévastent le domaine royal. Il meurt le 1er février 1328, au château de Vincennes et est enterré à Saint-Denis. De ses trois femmes, il n'a que des filles et l'on attend la naissance de l'enfant de Jeanne d'Evreux pour pourvoir le trône. Deux mois plus tard, elle met au monde une fille et la dynastie des Capétiens directs se termine. Ils avaient agrandi le domaine royal et réussi à se faire obéir de leurs vassaux.

◄ **HÔTEL DE NESLE : quand le roi n'est pas là, les princesses dansent.**
Dans ses fameuses chroniques, Jehan Froissart (1333-1410) note que les trois fils du roi Philippe IV furent grands et beaux chevaliers, que Louis, l'aîné, fût de surcroît surnommé Le Hutin, c'est-à-dire le Turbulent... et que sa fille, Isabelle, qui devint reine d'Angleterre en épousant Edouard II, était, elle aussi, belle. Aurait-il oublié les trois belles-filles, les sœurs Jeanne, Blanche et Marguerite de Bourgogne ? Deux d'entre elles, Blanche et Marguerite, aiment beaucoup s'amuser dans leur hôtel de Nesle, à côté de la tour du même nom, en face du Louvre. Leurs fêtes font parfois scandale, mais réjouissent les bourgeois de la rue qui voient défiler jongleurs, pantomimes et joueurs d'instruments. Philippe le Bel, le roi très pieux qui voulait ressembler à son grand-père, Louis IX, n'apprécia jamais cet amour des divertissements, partagé par tous ses enfants.

CAPÉTIENS

FIN $\frac{987}{1328}$

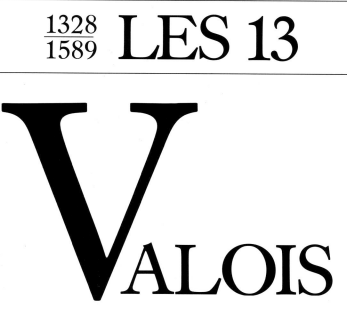

$\dfrac{1328}{1589}$ LES 13

VALOIS

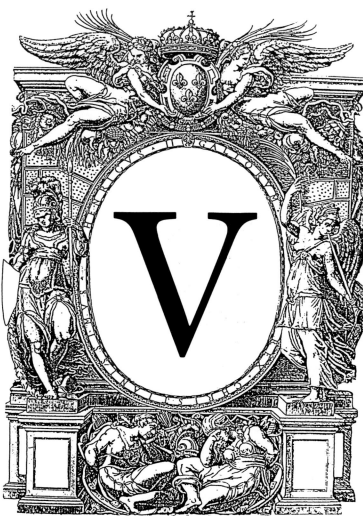

Charles IV meurt sans héritier. La France peut dire « Le Roi est mort, vive le Roi! » mais ne peut acclamer le nouveau Roi. La Reine, heureusement, attend un enfant. La cour est en émoi: si c'était une fille ? Un prétendant étranger est déjà sur les rangs: Edouard III d'Angleterre dont la mère Isabelle est la sœur du roi défunt. L'Assemblée des Pairs et des Barons nomme régent un cousin de Charles IV, Philippe de Valois: le Valois est un apanage royal, c'est-à-dire un territoire donné aux fils des rois qui n'héritent pas du fief principal. La Reine met au monde une fille. Aussitôt l'Assemblée élit le Régent, invoquant la loi salique qui exclut du trône de France, les femmes ou les descendants par les femmes.

Mais Edouard III ne renonce pas à la couronne de France. La « guerre de Cent Ans » commence. Elle ne prendra fin que lorsque Jeanne d'Arc convaincra le roi Charles VII de « bouter les Anglais hors de France ».

La France moderne naît des ruines de cette guerre. Des souverains forts, despotiques parfois, rétablissent l'obéissance dans le royaume, proscrivant la féodalité et les guerres privées. L'insécurité et la peur s'atténuent. Une nouvelle joie de vivre leur fait place. Les plus favorisés s'adonnent aux fêtes galantes, remplacent donjons et châteaux forts par d'élégantes demeures décorées « à l'italienne ». C'est la « Renaissance » et la splendeur des châteaux de la Loire. Les grandes inventions fleurissent : imprimerie, boussole, gouvernail, cartes. Les explorateurs tracent des routes vers l'Amérique. Les Humanistes chassent la peur du péché et réhabilitent la nature humaine. On découvre l'Antiquité avec un regard neuf ; on lit les auteurs grecs et latins et l'architecture gothique fait place à l'antique.

Dans le grand bouleversement culturel de la Renaissance, une nouvelle foi s'impose. Cherchant à purifier la religion et s'interrogeant sur le salut de l'homme, Luther et Calvin proposent la « Réforme protestante ». Ils sont condamnés par le Pape et excommuniés. D'autres restent fidèles au dogme : ce sont les hommes de la « Contre-Réforme », dont les plus combattifs sont les Jésuites, créés par un officier espagnol, Ignace de Loyola.

En France, Catholicisme et Calvinisme s'affrontent, entraînant le pays dans les abominables « guerres de religion ». Les derniers Valois, restés catholiques à la suite d'un compromis avec le Pape, commettent de grandes atrocités au nom de Dieu.

ARBRE GÉNÉALOGIQUE DES VALOIS

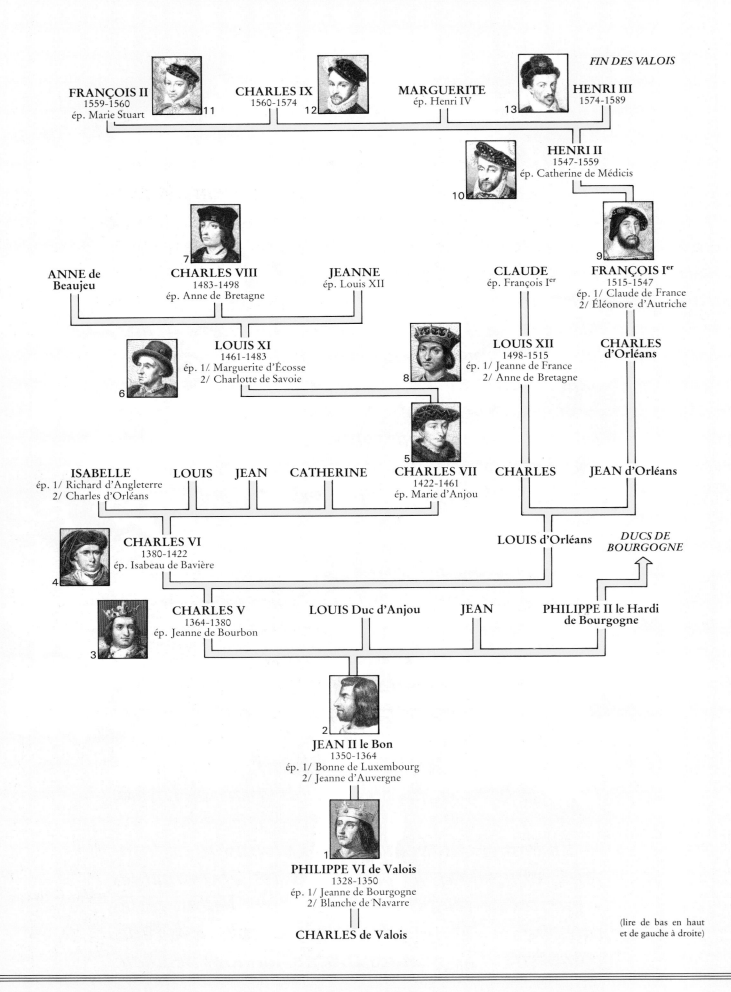

FIN DES VALOIS

FRANÇOIS II
1559-1560
ép. Marie Stuart
11

CHARLES IX
1560-1574
12

MARGUERITE
ép. Henri IV

HENRI III
1574-1589
13

HENRI II
1547-1559
ép. Catherine de Médicis
10

FRANÇOIS Iᵉʳ
1515-1547
ép. 1/ Claude de France
2/ Éléonore d'Autriche
9

ANNE de Beaujeu

CHARLES VIII
1483-1498
ép. Anne de Bretagne
7

JEANNE
ép. Louis XII

CLAUDE
ép. François Iᵉʳ

CHARLES d'Orléans

LOUIS XI
1461-1483
ép. 1/ Marguerite d'Écosse
2/ Charlotte de Savoie
6

LOUIS XII
1498-1515
ép. 1/ Jeanne de France
2/ Anne de Bretagne
8

ISABELLE
ép. 1/ Richard d'Angleterre
2/ Charles d'Orléans

LOUIS **JEAN** **CATHERINE**

CHARLES VII
1422-1461
ép. Marie d'Anjou
5

CHARLES

JEAN d'Orléans

CHARLES VI
1380-1422
ép. Isabeau de Bavière
4

LOUIS d'Orléans

DUCS DE BOURGOGNE

CHARLES V
1364-1380
ép. Jeanne de Bourbon
3

LOUIS Duc d'Anjou

JEAN

PHILIPPE II le Hardi de Bourgogne

JEAN II le Bon
1350-1364
ép. 1/ Bonne de Luxembourg
2/ Jeanne d'Auvergne
2

PHILIPPE VI de Valois
1328-1350
ép. 1/ Jeanne de Bourgogne
2/ Blanche de Navarre
1

CHARLES de Valois

(lire de bas en haut
et de gauche à droite)

56

PHILIPPE VI
*dit « le Catholique », « le Fortuné »,
le Roi salique »*

1328-1350

JEAN II
dit « le Bon »

1350-1364

Régent à la mort de Charles IV, il précipite son couronnement lorsque, le 1er avril 1328, on apprend la naissance de la fille de Charles IV. Il veut éviter que l'Assemblée des pairs de France ne revienne sur sa décision. Il prépare une croisade lorsqu'éclate la guerre dite « de Cent Ans ». Edouard III d'Angleterre commence par prêter à Philippe VI le serment de fidélité qu'il lui devait pour la Guyenne. Puis il renie son hommage, se proclame roi de France en 1340, s'allie aux ennemis de la France, les Flamands, et écrase la flotte française à la bataille de l'Ecluse. Maître de la mer, il attend cependant six ans avant d'envahir la Normandie en 1346. Il marche sur Paris, mais est obligé de se replier vers la Somme. Il se fortifie à Crécy où Philippe VI vient l'attaquer et est écrasé. En 1347, il prend la ville de Calais qui résiste héroïquement : le siège dure presque un an, et lors de la reddition, Edouard III exige que six bourgeois lui soient livrés. Finalement les deux rois signent une trêve qui met fin aux hostilités. En 1350, Philippe VI meurt sans que la trêve ait été rompue : elle ne le sera qu'en 1351.

Malgré ses revers, Philippe VI a augmenté le royaume du Dauphiné qui lui est cédé sous la condition que les fils aînés des rois de France, futurs rois, porteraient désormais le nom de « Dauphins ».

LES BOURGEOIS DE CALAIS : la fin d'un honteux marchandage.

« Ah ! Gentil sire, pour l'amour de moi, ayez pitié de ces six hommes », demande la Reine, « durement enceinte », à son mari, le roi Edouard III d'Angleterre. « Ha ! dame. J'aimasse trop mieux que vous fussiez autre part qu'ici... », répond le Roi en lui livrant les prisonniers, en chemise, la corde au cou. Eustache de Saint-Pierre et ses compagnons sont sauvés par une femme en pleurs... Edouard, voulant entrer en France par la Garonne, se retrouve en Normandie, jeté là par une tempête. Il atteint Calais qu'il assiège : ce port pourra recevoir renforts et bateaux de son pays. Après un an de siège, Edouard, lassé, échange la ville contre la vie de six bourgeois, des riches marchands. Leur vie sera sauve mais Calais deviendra anglaise et le restera pendant deux siècles. *3 août 1347.*

Le fils de Philippe VI continue la guerre désastreuse commencée sous le règne de son père, sans plus de succès. Le Prince Noir, fils d'Edouard III, prince de Galles – c'est ainsi que l'on appelait les fils aînés des rois d'Angleterre – ravage le Poitou en 1356. Il écrase l'armée de Jean II à

Poitiers, et celui-ci est emmené prisonnier à Londres. Les armées anglaises se conduisent comme les « routiers » des « Grandes Compagnies », bandes de brigands qui dévastaient alors le royaume. La Paix de Brétigny, signée en 1360, cède à Edouard III un quart de la France (Calais, la côte de Picardie, le Poitou, le Limousin, le Périgord et la Guyenne). Mais celui-ci renonce à la couronne de France.

Après la défaite de Poitiers, en l'absence du roi, on réunit les Etats Généraux pour voter des impôts de guerre au cours desquels Etienne Marcel, prévôt des Marchands de Paris, soulève les bourgeois contre le roi et impose au Dauphin Charles la « Grande Ordonnance », réforme de l'administration et des impôts. Il réclame l'abolition du conseil royal, une réforme de l'administration et de la justice, la suppression des guerres privées. Ce ne seraient plus des fonctionnaires royaux qui lèveraient les impôts mais des commissaires nommés par les Etats Généraux qui pourraient se réunir d'eux-mêmes, sans être convoqués par les rois. Pour montrer sa force, Etienne Marcel fait assassiner deux conseillers royaux. Aussitôt les bourgeois de Paris l'abandonnent et il se réfugie chez Charles le Mauvais, roi de Navarre, pour finir, assassiné.

JEAN II

misère, ils brûlent les châteaux et exercent toutes sortes de violences sur leurs seigneurs. Ils sont sévèrement traqués et châtiés ; à tous ces crimes s'ajoutent les conséquences de la grande peste : il n'y a plus assez d'hommes pour cultiver la terre, la disette apparaît. De plus, dans le Languedoc, les Juifs sont accusés d'avoir empoisonné les fontaines et massacrés en grand nombre. Le Pape est obligé d'intervenir et leur donne asile à Avignon, jusqu'à ce que la colère s'apaise. Après le traité de Brétigny, Jean II regagne la France, laissant en otage à Londres, son fils, le duc d'Anjou. Celui-ci s'évade, et Jean II, qui a le sens de l'honneur, retourne se constituer prisonnier et meurt à Londres le 8 avril 1364. Il avait reçu la Bourgogne à la mort du duc Philippe II, qu'il donna imprudemment en apanage à son troisième fils, Philippe le Hardi (1362).

« PÈRE, GARDEZ-VOUS À DROITE, GARDEZ-VOUS À GAUCHE ».
Quelle hardiesse ! Accroché à son père, un garçon de quatorze ans l'aide à diriger ses coups de hache dans la bonne direction. Par ce geste courageux et affectueux, Philippe deviendra le Hardi. Sans doute en ce jour de septembre sauve-t-il la vie du Roi Jean II le Bon, mais la bataille de Poitiers est déjà perdue. Les archers anglais du Prince de Galles, cachés derrière les haies du bocage poitevin, ont décimé l'élite de la chevalerie française. Le Roi, debout au milieu des cadavres, se bat jusqu'à épuisement. Il est ensuite pris par l'ennemi et emmené à Londres, quittant ainsi son noble royaume pour une prison anglaise. ***19 septembre 1356.***

Mais il avait ouvert la voie aux soulèvements roturiers : peu de temps après, ce sont les paysans qui se révoltent. On appelait à l'époque les paysans « Jacques Bonhomme », par dérision, et leurs soulèvements, les « Jacqueries » : furieux de ne pas être protégés par les seigneurs contre les brigands des Grandes Compagnies, et acculés par la

DUGUESCLIN AU TRAVAIL : l'assaut risqué du château de Fougeray.
On a dit de lui, quand il vivait, qu'il était violent, mal fait — longs bras et petites mains — malotru et audacieux. Avec le recul du temps, il apparaît surtout comme un combattant « divers en courage » : ses quatre cents coups de hache ou d'épée furent tous inattendus et fort efficaces. Il agit par surprise, improvise et gagne. Pour prendre le château de Fougeray bourré de soldats anglais, avec seulement soixante hommes, il se déguise en bûcheron, fait baisser le pont levis, entasse des fagots pour empêcher la herse de fonctionner, tue les gardes et... La suite aurait pu lui être fatale si ses compagnons n'étaient arrivés ; mais la porte était ouverte ! *Hiver 1356.*

CHARLES V
dit «le Sage»

♛

1364-1380

CHARLES VI
dit «le Bien-Aimé» et «l'Insensé»

♛

1380-1422

Différent de son père et de son grand-père, c'est un savant et un dilettante ; très sage, il a pour modèle Saint Louis. Il aime la magnificence et dépense plus que son trésor ne le lui permet. Il agrandit le Louvre, commencé sous Philippe Auguste, fait construire l'hôtel Saint-Paul, le donjon de Vincennes et la Bastille. Il fonde également la Bibliothèque royale qu'il enrichit d'ouvrages rares. Il réorganise les impôts, il développe la gabelle, impôt sur le sel, pour recommencer la guerre contre les Anglais. Il ne combat pas lui-même, mais dirige ses officiers : Bertrand Duguesclin, Olivier de Clisson et Boucicaut. Il débarrasse le pays des Grandes Compagnies et confisque le comté d'Evreux à Charles le Mauvais qui avait donné asile à Etienne Marcel, ne lui laissant que le royaume de Navarre. En 1368, il rompt avec les Anglais, et par une guerre d'escarmouches, Duguesclin va débarrasser en douze ans la France de son occupant anglais. Quand Charles V et Duguesclin meurent en 1380, le roi d'Angleterre ne possède plus en France que Calais, Cherbourg, Brest, Bordeaux et Bayonne. Enfin, Charles fixe la majorité des rois à 14 ans et attribue à leurs fils des pensions au lieu d'apanages.

Les dernières années de sa vie, il est accablé par une série de deuils dans sa famille. Charles V meurt d'une longue maladie ; son cœur est porté, selon son vœu, à la cathédrale de Rouen. Il est enterré à Saint-Denis.

L'ACCÈS DE FOLIE DE CHARLES VI EN FORÊT DU MANS. ▶
« Arrête, noble Roi, tu es trahi », crie l'homme en haillons en tenant la bride du cheval royal, puis il disparaît dans les taillis de la forêt du Mans. Le cerveau de Charles VI, qui a parfois des ratés, amplifie cette apparition bizarre. Parti châtier en Bretagne l'un de ses vassaux trop prompt à sortir l'épée, il se voit tout à coup environné d'ennemis. Le bruit d'une lance tombée par mégarde sur un casque devient cliquetis d'armes. Le Roi crie à son tour : « Sus aux traîtres » et tue quatre hommes de sa suite. Maîtrisé avec peine, soigné sans succès, le Roi sera reconnu fou... mais restera encore trente ans sur le trône. *Août 1392.*

Il n'a que douze ans lorsqu'il succède à son père. Ses terribles oncles, les ducs de Bourgogne, de Berry et d'Anjou, exercent la régence mais à sa majorité, il les renvoit. En 1392, alors qu'il se rend en Bretagne, il perd la raison. Ses oncles reviennent au pouvoir et une cruelle guerre civile, appelée querelle des Armagnacs et des Bourguignons,

CHARLES VI

divise la France en deux factions et déclenche des massacres sanglants. Les Armagnacs sont les partisans du frère du Roi, Louis d'Orléans. Les Bourguignons défendent Jean sans Peur, cousin du Roi, qui fait assassiner Louis d'Orléans en 1407. La querelle en serait restée là si l'esprit de revanche anglais avait été éteint. Mais Henri V d'Angleterre, profitant de la guerre civile, débarque, bat les Français à Azincourt en 1415 et prend la Normandie. A la guerre civile s'ajoute la guerre étrangère et... le roi Bien-Aimé est fou ! Sa femme, Isabeau de Bavière, prend parti pour les Anglais et pour le duc de Bourgogne, Jean sans Peur, mais ce dernier est assassiné en 1419. Elle signe avec Henri V le traité de Troyes, en 1420, qui déshérite son fils, le Dauphin, et donne au roi anglais la couronne de France et sa fille en mariage. Charles VI meurt à Paris, le 22 octobre 1422.

CHARLES VII
dit « le Victorieux » ou « le Bien Servi »

1422-1461

Le « soi-disant Dauphin » est acclamé roi à Bourges à la mort de Charles VI. Mais il n'y croit guère, il y a un autre roi en France, Henri VI d'Angleterre, et... son territoire est tellement restreint : un tout petit domaine situé entre Orléans et Bourges ! Sa mère l'a déshérité, et le Parlement de Paris a reconnu Henri VI. Plus grave, Orléans est assiégé par les Anglais et ne résistera plus longtemps.

Une petite bergère de seize ans, venue de Lorraine, Jeanne d'Arc, mue par une force surnaturelle, va sauver la situation, redonner espoir aux Français. Elle se rend à Chinon, résidence du roi Charles, reconnaît immédiatement le « Dauphin » (il n'est pas encore sacré) et force sa porte et son scepticisme. Puis elle se fait donner une armure, une bannière blanche, une armée, et, de nuit, pénètre dans Orléans assiégé, en avril 1429. Le 8 mai suivant, l'ennemi bat en retraite. Mais Jeanne n'a pas réalisé son dessein : faire sacrer le Dauphin à Reims.

BOURGUIGNONS contre ARMAGNACS.
Le Roi est fou. Le pouvoir est à prendre. Jean de Bourgogne, dit Jean sans Peur, cherche à gagner la faveur du peuple avec ses « Bourguignons ». Bernard d'Armagnac joue la noblesse et la cour avec ses « Armagnacs ». Paris sert d'enjeu. En mai 1418, la ville est aux mains des Armagnacs qui ne se privent pas d'y faire régner la terreur. Un marchand ayant reçu d'eux coups et blessures se venge en allant ouvrir une des portes de Paris à huit cents Bourguignons. Si le Dauphin, conduit à la Bastille, est épargné, la plupart des grands du Royaume, présents dans la capitale, sont massacrés. Les corps de certains sont dépecés en lanières pour figurer l'écharpe blanche, signe de ralliement des Armagnacs. La nuit entière est d'une violence impitoyable. *12 juin 1418.*

CHARLES VII

Pour cela, il faut reconquérir les provinces situées sur le trajet. Le 16 juillet 1429, Charles fait son entrée à Reims, le lendemain il est sacré roi de France. L'année suivante, Jeanne est capturée à Compiègne, et brûlée vive à Rouen le 30 mai 1431. Ni Charles ni personne de son entourage n'ont fait un geste pour la sauver.

Jeanne a-t-elle échoué ? Pendant neuf ans on le croit. En 1435, le Roi signe avec Philippe le Bon le traité d'Arras, qui met fin à la querelle des Armagnacs et des Bourguignons, réconciliant les deux princes contre les Anglais. Puis il réorganise son armée, aidé du connétable de Richemont et du comte de Dunois. En 1449, il reprend la Normandie, la Guyenne, fief anglais depuis trois siècles et, en 1453, il a complètement chassé les Anglais hors de France. Ces derniers ne gardent que la ville de Calais. La guerre de Cent Ans est terminée. Charles VII ne s'en tient pas là. Il réorganise l'Eglise de France, par la « Pragmatique Sanction de Bourges » ; crée, sur le conseil de Jacques Cœur, son Trésorier, trois impôts permanents, aides, gabelle, taille qui vont subsister jusqu'en 1789. Enfin il rétablit le pouvoir du roi et affaiblit la féodalité. Il meurt en 1461 dans son château de Mehun-sur-Yèvre près de Bourges.

LOUIS XI
dit «le Prudent»

1461-1483

Charles VII s'était pratiquement laissé mourir de faim, de peur d'être empoisonné par son propre fils, Louis. Cela donne une idée du roi qui est sacré à Reims le 15 août 1461, « le plus terrible roi qui fut jamais en France » : un visage laid, un corps mal proportionné, des jambes grêles et tordues, vêtu d'étoffes grossières, il se cache. Sa maxime est : « Qui ne sait pas dissimuler, ne sait pas régner. » Son

CHARLES VII SACRÉ par la grâce de Dieu et celle d'une pucelle.
Le rêve de Jeanne d'Arc est en train de devenir réalité : ne plus se battre, être seulement attentive à la paix qui emplit la cathédrale de Reims, écouter les phrases qui font de Charles VII, le roi de France. Reims a été libéré des Anglais. Tout est en ordre pour que l'Archevêque, Renaud de Chartres, légat du Pape et seul autorisé à sacrer un roi par la grâce de Dieu, remette la couronne royale. Entourée de ses chefs de guerre et officiers, Jeanne serre sa bannière victorieuse comme elle devait le faire avec son bâton de bergère. Jeanne en ce jour garde la France en la personne de son Roi. *17 juillet 1429.*

LE DUC DE BOURGOGNE À MONTLHÉRY : courageux et téméraire.
Louis XI est menacé par une immense conspiration de cinq cents princes et seigneurs qui en veulent à son génie d'agrandir la France à leurs dépens. Il prend les devants et propose l'amnistie ou le combat. Aucune réponse ne lui étant parvenue, il attaque. L'armée des seigneurs rencontre celle du Roi, près de Montlhéry. A la nuit tombante, il n'y a ni vainqueurs, ni vaincus. Mais au cours des combats, le Roi put apercevoir le comte de Charolais se battre avec un tel courage qu'il lui sembla bien téméraire : ce comte, Charles le Téméraire, devint duc de Bourgogne et son principal ennemi. *16 juillet 1465.*

historiographe, Commines, le décrit comme une « univer-selle Aragne » (araignée), qui tend des pièges pour y faire tomber ses proches.

Ses proches, ce sont d'abord ses grands vassaux et parents qu'il emprisonne et fait décapiter au moindre signe de révolte. C'est aussi le clergé de France qu'il nomme lui-même, modifiant ainsi la « Pragmatique Sanction de Bourges » de son père. Ce sont les bourgeois des villes qu'il tient en son pouvoir en nommant lui-même les échevins ou maires. C'est enfin le peuple qu'il écrase d'impôts et menace du gibet de Montfaucon.

Il s'entoure non de vassaux mais de gens obscurs, espions, policiers, tels son barbier, Olivier le Daim, le pré-vôt Tristan Lermite son « compère », le cardinal La Balue, avec lequel il se brouille et qu'il enferme dans une cage exi-guë pendant onze ans.

Ses intrigues, plus que ses guerres, lui ont permis d'agrandir considérablement la France. Après une lutte acharnée contre Charles le Téméraire, duc de Bourgogne, il s'empare de la Bourgogne par la ruse : il lance contre Charles le Téméraire le duc de Lorraine. Charles est vaincu puis tué en faisant le siège de Nancy et dévoré par

comté de Bourgogne et l'Artois. Il s'empare ensuite du Maine, dépossédant le « Bon roi René » de l'Anjou et de la Provence. Il enlève enfin le Roussillon au roi d'Aragon.

L'unité territoriale retrouvée, Louis XI ruine la féodalité, poursuivant ainsi l'œuvre de son père, favorise les bourgeois commerçants, établit des manufactures de la soie et des étof-fes d'or et développe les foires de Lyon pour en faire le commerce, institue la poste aux chevaux (1464), fait venir des imprimeurs de Mayence – l'imprimerie est inventée en 1450 par Gutenberg. Sentant la mort venir, il se retire à Plessis-les-Tours où il se livre à des dévotions superstitieu-ses. Il nomme sa fille, Anne de Beaujeu, régente, et meurt le 30 août 1483. Il est enterré à Notre-Dame de Cléry.

FIN DE PARTIE AU CHÂTEAU DE PÉRONNE : le Roi perd et paie.
Louis XI a déjà rencontré Charles le Téméraire, après la bataille de Montlhéry : un traité fut signé, humiliant pour le Roi, mais Louis XI ne l'a pas appliqué. Aussi, trois ans plus tard, se retrouve-t-il en face de ce Charles, obstiné à le combattre. Il accepte de se rendre à Péronne. Tout se serait bien passé si Charles n'avait appris la nouvelle d'une révolte, excitée par le Roi, sur son domaine de Belgique. Louis XI se retrouve prisonnier, mais fait tout pour rendre son hôte furieux : il soudoie ses gardiens et accepte un traité onéreux et humiliant avec l'intention de le dénoncer une fois libre. ***9 octobre 1468.***

LOUIS XI AU CHÂTEAU DU PLESSIS : « Où est-il ? Où se cache-t-il ? »
Quel roi difficile à dépeindre ! Il est avare, mais son trésor s'appelle France. Il ne porte ni velours, ni soieries, mais adore dépenser quand il s'agit d'acheter un ennemi. D'apparence chétive et fragile, il ne cesse de se battre, de ruser, de tisser sa toile d'araignée. L'approche de la mort le rend superstitieux. Comme s'il n'était pas très sûr de l'utilité de son intelligence, il compte sur de bien inutiles remèdes pour se guérir de la peur : reliques saintes, consultations d'astrologues, dons aux monastères. Il voit partout des ennemis. Y en aurait-il un caché derrière le rideau de cette galerie, dans son château du Plessis-les-Tours ?

les loups (1477). N'osant annexer tout le territoire bour-guignon, Louis XI s'attribue le duché de Dijon laissant à l'héritière, Marie de Bourgogne, la Franche-Comté ou

CHARLES VIII
dit «l'Affable»

👑

1483-1498

LOUIS XII
dit «le Père du peuple»

👑

1498-1515

Esprit faible et chimérique, nourri de romans de chevalerie, Charles VIII est sacré le 14 mai 1484. Il épouse en 1491 l'héritière du duché de Bretagne, Anne.

En 1494, faisant valoir ses droits sur le royaume de Naples, il se lance dans les guerres d'Italie, qui vont ensanglanter la France pendant près de cinquante ans. Trois mois plus tard, la république de Venise, le duc de Milan, l'empereur Maximilien, le roi Ferdinand d'Aragon et le Pape se sont unis contre lui, et il est vaincu lors du désastre de Fornoue en 1495. Il fait retraite et réussit à repasser les Alpes. Il meurt trois ans après, ne laissant pas d'enfant. Il est enterré à Saint-Denis.

Né à Blois en 1462, Louis XII est le descendant du roi Charles V, le petit-fils de Louis d'Orléans, frère de Charles VI. Il dispute la régence à Anne de Beaujeu. Vaincu, il est emprisonné à Bourges pendant trois ans. Libéré par Charles VIII, il lui reste fidèle et se rachète, jusqu'au jour où il lui succède, le 27 mai 1498. Il gouverne en bonne intelligence avec son peuple, ce qui lui vaut son surnom de « Père du peuple ». Marié à une fille de Louis XI, Jeanne de France, pendant 22 ans, il la répudie pour épouser Anne de Bretagne et conserve ainsi le duché de Bretagne à la France. Petit-fils de Valentine Visconti, il fait jouer ses droits sur le Milanais et s'en empare en 1499. Puis il veut reprendre le royaume de Naples et s'allie avec Ferdinand d'Aragon, mais leur alliance ne dure pas et, malgré la vaillance de Bayard, « le Chevalier sans peur et sans reproche », il doit céder Naples à Ferdinand, en 1504. Les guerres d'Italie semblent terminées mais elles reprennent à cause de l'ambition du pape Jules II qui veut annexer tous les Etats italiens et expulser les « Barbares », principalement les Français. Ceux-ci sont d'abord victorieux grâce à Gaston de Foix mais celui-ci est tué à Ravenne et les Français sont chassés du Milanais, la France est envahie et Louis XII meurt le 1er janvier 1515, ne laissant pas de fils.

◀ **LE MARIAGE DE CHARLES VIII : quand la Bretagne épouse la France.**
Dans le beau petit monde des duchesses à marier, Anne de Bretagne et Marie de Bourgogne ont la vedette : la dot de chacune d'elles est un vrai royaume ! Deux cours se les disputent, celles de France et d'Autriche. Mariée par procuration à Maximilien, Anne deviendra cependant Reine de France : la régente, Anne de Beaujeu, n'hésite pas à envoyer des troupes en Bretagne et assiéger Rennes. Tandis que Marie épouse Maximilien et lui apporte la riche Bourgogne, la jeune Anne — à peine quinze ans — est presque contrainte d'épouser Charles VIII. Le mariage sera célébré dans un salon du château de Langeais, construit par son beau-père, Louis XI, pour protéger la Loire d'éventuelles incursions bretonnes : elles ne sont désormais plus à craindre ! *6 décembre 1491.*

FRANÇOIS Iᵉʳ
dit «le Père et Restaurateur des Lettres»

1515-1547

FRANÇOIS Iᵉʳ

Cousin et gendre de Louis XII, il appartient à la branche des Valois-Angoulême et descend aussi de Charles V. Sacré le 25 janvier 1515, il a vingt ans. Très ambitieux, il brûle déjà de reconquérir le Milanais et pour cela, il s'allie aux Vénitiens. En deux jours, par l'éclatante victoire de Marignan (les 13 et 14 septembre 1515), il taille en pièces l'armée suisse qui gardait les portes du duché de Milan et signe avec eux la « Paix Perpétuelle ». Ce succès, de bon augure, lui attire de multiples offres de paix. En 1516, il conclut avec le Pape le concordat de Bologne. Avec le nouveau roi d'Espagne, Charles Iᵉʳ, roi de Naples ou « des Deux Siciles », il signe le traité de Noyon qui assure la paix de l'Europe.

Mais en 1519, Charles Iᵉʳ d'Espagne est élu empereur, sous le nom de Charles Quint. Grâce au hasard des héritages, son empire est immense : l'Autriche des Habsbourg, les possessions des ducs de Bourgogne (dont les Pays-Bas), les possessions du royaume d'Espagne réunifié (Espagne, colonies d'Amérique et des Philippines, royaume des « Deux Siciles » ou de Naples). C'est un homme plutôt dissimulé, impitoyable et sans générosité, très ambitieux : il a pour devise « toujours plus oultre ». Face à lui, François Iᵉʳ est noble et chevaleresque, mais déçu de n'avoir

FRANÇOIS Iᵉʳ RENCONTRE HENRI VIII au « camping » du Drap d'Or.
Contre le redoutable Charles Quint, François 1ᵉʳ doit se faire un allié d'Henri VIII d'Angleterre. On décide donc d'une rencontre entre deux villages du Pas-de-Calais, Ardres et Guines. Henri VIII (29 ans), arrivé sur sa nef, monte une maison d'accueil préfabriquée ornée de sompteuses tapisseries. François 1ᵉʳ (26 ans) fait élever un pavillon carré de 20 mètres de côté recouvert d'un drap d'or et capitonné de velours bleu brodé de fleurs de lys d'or. Folles dépenses pour s'épater mutuellement au milieu d'un « camping » ! Henri, ébloui, repart en Angleterre, blessé dans son amour propre. *Juin 1520.*

◄ **FRANÇOIS Iᵉʳ ARMÉ CHEVALIER PAR BAYARD À MARIGNAN.**
Après sa victoire contre les « invincibles » Suisses à la solde du Duc de Milan, François 1ᵉʳ convoque Bayard. Il demande à son chevalier « sans peur et sans reproche » de l'armer chevalier selon la tradition. Le roi s'agenouille, Bayard tire son épée, la lui pose sur l'épaule, prononce à haute voix : « Sire, je vous fais chevalier et vous promets assistance comme le firent avant moi, pour d'autres souverains, Roland et Godefroi de Bouillon ». *Septembre 1515.*

pas reçu la couronne d'empereur à laquelle il était candidat.

En 1521, François Ier déclare la guerre à Charles Quint. Tous deux veulent s'allier à Henri VIII d'Angleterre. François Ier le reçoit somptueusement au « Camp du Drap d'Or ». Charles Quint l'invite plus modestement et obtient finalement son alliance. La guerre se déroule à la fois en France (Provence) et en Italie (Milanais). En Provence, le connétable de Bourbon, seigneur français passé au service de Charles Quint, est repoussé. Mais en Italie, Bayard meurt dans un combat où les Français sont écrasés. François Ier est fait prisonnier devant Pavie en 1525 et emmené en captivité en Espagne, d'où il écrit à sa mère : « Tout est perdu fors l'honneur. » Pour être libéré, il promet de renoncer au Milanais et de céder la Bourgogne. Devant le refus des Bourguignons, il se rétracte et la guerre recommence. François Ier essuie de nouveaux revers, mais garde la Bourgogne au traité de Cambrai signé en 1529 ; il obtient également la main de la sœur de Charles Quint, Eléonore.

En 1535, François Ier envahit à nouveau l'Italie. Il est parfois victorieux et essuie parfois de cuisants revers au cours desquels la France est plusieurs fois envahie. Une paix définitive est cependant signée en 1544 à Crépy et le Milanais est

confié au deuxième fils de François Ier, le duc d'Orléans.

De ses expéditions en Italie, François Ier ramène un nouvel art de vivre, qui lui vaut le surnom de « Père des Lettres ». Comme les mécènes italiens, il attire des artistes qui construisent ou embellissent les châteaux de Fontainebleau, de Chambord, du Louvre... châteaux où il mène grande vie, au cours de fêtes fastueuses dont la duchesse d'Etampes — sa maîtresse — et Diane de Poitiers sont les reines. Il favorise aussi les grands voyages d'exploration dont celui de Jacques Cartier qui découvre le Canada en 1534.

Ses prodigalités finissent par lui coûter cher. Pour restaurer les finances du royaume, il vend les offices de la magistrature et des finances, créant ainsi un nouveau corps de fonctionnaires.

Son premier mariage avec Claude de France, fille de Louis XII et d'Anne de Bretagne, avait assuré la réunion de la Bretagne à la France. Il y rattache également les provinces du Bourbonnais et d'Auvergne, et les comtés de Forez, de Beaujolais et de la Marche, vaste apanage de la maison de Bourbon, qui est confisqué sur le trop célèbre connétable. Il meurt dans son château de Rambouillet, le 31 mars 1547, et est enterré à Saint-Denis.

LA DURE DÉFAITE DE PAVIE : dix ans seulement après Marignan.
1515, jolie date et belle victoire pour un roi de vingt ans. Mais dix ans plus tard, c'est le désastre de Pavie. Après La Trémoille et La Palice, ses deux meilleurs généraux, François Ier va être tué... quand un gentilhomme le reconnaît.

Le Roi est prisonnier de l'empereur Charles Quint, près du Pô, non loin du lieu de sa première victoire. Mais qu'allait-il donc faire en Italie ? C'est le seul territoire qui évite à la France d'être encerclée par ce puissant ennemi ; en être maître, c'est protéger le royaume et l'Italie, pays de la Renaissance. *24 février 1525.*

1547-1559

HENRI II

mais échoue et signe une trêve de dix ans. En 1557, Henri II rompt la trêve. Son connétable, le duc de Montmorency, est battu à Saint-Quentin, mais le duc de Guise sauve la situation, reprend, en 1558, Calais, ville anglaise et obtient des succès décisifs sur les Espagnols. En 1559, le traité de Cateau-Cambrésis est signé qui met fin définitivement à la lutte. Après 40 ans de guerres, les Habsbourg n'ont acquis que le Milanais et, la France, Calais et une partie de la Lorraine, Metz, Toul et Verdun. Pour sceller la réconciliation, Henri II marie sa fille Elisabeth à Philippe II, fils de Charles Quint. Désormais Henri II a les mains libres pour s'attaquer aux protestants. En effet, les idées de Calvin, Français réfugié à Genève, se sont propagées en France, très rapidement. Il croit comme Luther, son maître, que l'homme ne peut intervenir dans son Salut ; que Dieu, seul, en décide : c'est la prédestination.

Calvin s'éloigne des idées de Luther, lorsque, chassé de Genève, il doit se réfugier à Strasbourg : il pense que les pasteurs doivent être nommés directement par les fidèles. Ainsi se crée le Calvinisme.

Henri II mène, contre les calvinistes de France, une lutte plus rigoureuse que celle de son père ; par l'édit de Compiè-

Comme son père, François Ier, il n'a qu'un souci : affaiblir la puissance de son rival espagnol. Il reprend la lutte contre Charles Quint. S'alliant aux princes protestants d'Allemagne, il s'empare des « trois évêchés », Metz, Toul et Verdun en 1552. Charles Quint accourt et assiège Metz,

LE COUP DE JARNAC : un coup d'épée mais aussi un coup de maître.
Jarnac est capitaine et beau-frère de la duchesse d'Etampes qui fut la maîtresse du feu roi François Ier : cette parenté lui vaut la jalousie de Diane de Poitiers, favorite du nouveau roi, Henri II. Comment le tuer ? En l'opposant à un champion réputé, La Châtaigneraie. Le duel a lieu dans le château de Saint-Germain. Jarnac, par une feinte nouvelle, tranche le jarret de son adversaire... et lui fait grâce de la vie. Le roi est obligé, selon l'usage, de l'embrasser. *10 juillet 1547.*

LA FIN CRUELLE D'UN TOURNOI : le roi Henri II blessé à mort.
Château des Tournelles à Paris. Henri II a toute raison de se réjouir : il marie sa fille au roi d'Espagne et sa sœur au duc de Savoie. Qui dit réjouissances, dit tournois... et Henri les aime. Il veut clore les joutes et « fournir une course » contre son capitaine des gardes. Les adversaires amis se heurtent violemment. La lance de Montgomery casse. Le bois éclaté perce l'œil du Roi et pénètre dans le crâne. L'agonie d'Henri II durera dix jours. *30 juin 1559.*

gne en 1557, il punit de mort tous ceux qui sont surpris à pratiquer leur culte. De sa femme, Catherine de Médicis, il a dix enfants dont trois règneront. Pour sa maîtresse, Diane de Poitiers, il fait construire le magnifique château d'Anet, dans lequel elle se retirera après la mort d'Henri. Il meurt d'une blessure à l'œil au cours d'un tournoi le 10 juillet 1559.

FRANÇOIS II
♛
1559-1560

CHARLES IX
♛
1560-1574

Le fils d'Henri II est « faible d'esprit et de corps ». Les ducs de Guise et de Lorraine exercent la régence. Des conjurés protestants, à Amboise, tentent d'enlever François II pour s'opposer aux deux régents. Ils échouent et François II meurt après un règne de dix-sept mois, sans laisser d'enfants.

Il a dix ans lorsqu'il succède à son frère. Sa mère, Catherine de Médicis, exerce la régence. Deux grands partis religieux s'opposent : les Catholiques avec François de Guise et les Protestants avec le prince de Condé et l'amiral de Coligny. Catherine de Médicis prêche la tolérance et par

LE COLLOQUE DE POISSY : Michel de l'Hospital entre deux Eglises.
Deux religions s'affrontent en France. Les Réformés, protestants comme leurs chefs, Luther et Calvin, sont devenus nombreux et veulent entraîner les Catholiques, fidèles au Pape, dans leur réforme de l'Eglise. Michel de l'Hospital, chancelier, c'est-à-dire ministre de la justice, craint une guerre civile. Il réunit à Poissy un colloque, une assemblée où les théologiens des deux Eglises pourront « parler ensemble » et arriver à un accord : il veut ainsi éviter d'avoir recours à des édits, ces

lois autoritaires qui blessent les esprits. Le colloque s'ouvre en présence de la Reine, en deuil de son fils aîné et devant le roi Charles IX, âgé de 11 ans, accompagné de ses frères et sœurs. Michel de l'Hospital, assis en face des greffiers, ouvre le colloque par cette phrase conciliante : « A ces mots diaboliques, luthériens et papistes, substituons le beau nom de chrétiens. » Après trois mois de discussions, les chefs des deux Eglises réalisent qu'ils ne peuvent pas s'entendre : le dogme les sépare. La porte est ouverte à la guerre. Elle sera sans pitié. *Août-octobre 1561.*

CHARLES IX

l'édit de janvier 1562, accorde aux Protestants le droit de célébrer leur culte. Mais elle n'est pas obéie et des massacres spontanés déclenchent les « guerres de religion ». Ces guerres vont durer de 1562 à 1598, elles transforment les règnes de Charles IX et d'Henri III en véritables tueries. L'exemple du fanatisme est donné par les princes : c'est le massacre de Wassy, qui, le 1er mars 1562 déclenche la guerre civile ; le duc de Guise, chef des Catholiques, surprend des Protestants qui célébraient leur culte dans une grange. Une querelle éclate et les Protestants et les gens du duc s'entretuent. Les massacres font tache d'huile, bientôt toute la France est en armes.

De 1562 à 1570, trois guerres se déroulent au cours desquelles les principaux chefs de partis sont tués (le prince de Condé et François de Guise). Une paix est cependant signée en 1570, à Saint-Germain, et le mariage de Marguerite de Valois, sœur de Charles IX, avec le roi protestant Henri de Navarre semble sceller la réconciliation. Charles IX va plus loin dans l'apaisement : il fait entrer au Conseil un « Huguenot » (nom donné aux Protestants), l'Amiral de Coligny. Catherine de Médicis, jalouse de la domination de Coligny sur son fils, et inquiète de la décision de celui-ci d'attaquer la

CHARLES IX

très catholique Espagne, se rapproche du duc de Guise et décide de faire assassiner Coligny, pour reprendre son influence sur le Roi. L'assassinat manqué provoque les massacres de la Saint-Barthélémy (24 août 1572) dont les conséquences sont un redoublement de cruauté des guerres de religion : les Protestants qui ne se sont pas enfuis à l'étranger se sont organisés en armée. Il faudra plus de vingt-cinq ans de luttes, pour qu'Henri IV puisse imposer la tolérance.

Charles IX meurt en 1574 à 24 ans, de phtisie, déchiré de remords, en s'écriant : « Que de sang, que de sang ! ».

◀ **LA NUIT DE LA SAINT-BARTHÉLEMY.**
Après le vin des noces, le sang des massacres. Pourquoi ? Comment ? A cause de qui ? La sœur du roi Charles IX va épouser Henri de Navarre, le futur Henri IV, protestant comme sa mère. Cette noce attire à Paris les protestants du royaume, les réformés. Mais il y a aussi les Guise, fervents catholiques et l'Amiral de Coligny, ami du roi, protestant et patriote ; en sortant du Louvre, Coligny reçoit deux balles d'arquebuse. Charles IX s'inquiète et veut le venger. Mais le roi est faible, capricieux et emporté. Sa mère, Catherine de Médicis, lui fait croire que cet attentat touche la famille royale, à travers son ami, et qu'il annonce un complot protestant. Charles enrage. Il fait sonner le tocsin à Saint-Germain l'Auxerrois pour donner le signal d'une extermination de tous les protestants de Paris et de France. C'est la folie du sang. Il coule dans tout le royaume. La boucherie dure trois jours. Michel de l'Hospital en mourra de chagrin. *24 août 1572.*

L'ASSASSINAT DU DUC DE GUISE. ▶
Par d'habiles manœuvres diplomatiques, Henri d'Anjou devient roi de Pologne mais quand son frère, Charles IX, meurt de phtisie à 24 ans, il revient en France pour occuper le trône vacant. Il est sacré roi de France à Reims, sous le nom d'Henri III, par le cardinal de Guise. Le duc de Guise, neveu de ce dernier, devient le mortel ennemi du nouveau roi qui décide de s'en débarrasser. Le Duc est convoqué à Blois, aux Etats Généraux du royaume. Logé au château, le Duc est appelé un matin dans le cabinet du roi. Des gardes le cernent et le poignardent. Henri III vient constater le décès. Quelques mois plus tard, il sera assassiné à son tour... par un simple moine ! *Blois, 23 décembre 1588.*

HENRI III

1574-1589

HENRI III

qu'il prépare une Saint-Barthélemy de Catholiques. Des barricades se dressent dans la ville, en mai 1588, et Henri cède et nomme le duc de Guise lieutenant général du royaume.

Sentant qu'il ne serait jamais le maître dans son pays tant que le duc vivrait, Henri III le fait assassiner au château de Blois, en décembre 1588.

Le lendemain, Paris est en émoi. Un comité (le Conseil des Seize) se forme, qui prononce la déchéance d'Henri III. Ce dernier doit faire appel à Henri de Navarre. Ils assiègent ensemble Paris, mais au moment où cette ville tombe, Henri III est poignardé par un moine fanatique, Jacques Clément, le 2 août 1589 à Saint-Cloud. Ainsi s'éteint l'« abominable » race des Valois.

Elu roi de Pologne en 1573, il abandonne ce royaume pour succéder à son frère en 1574. Il est contraint par les Protestants et les « Politiques » de promulguer l'édit de Beaulieu en Touraine en 1576, par lequel les Protestants ont le droit d'accéder à toutes les fonctions et de célébrer publiquement leur culte dans toute la France sauf Paris. Enfin, le roi Henri de Navarre est nommé gouverneur de la province de Guyenne. Les Catholiques, irrités de ces concessions, s'organisent alors en une Ligue, la Sainte Union, dirigée par Henri de Guise, dit le « Balafré ». Ce dernier rêve de remplacer Henri III et les Parisiens, encore très fanatisés, l'acclament en délire lorsqu'il entre à Paris, malgré l'interdiction du Roi. Les Ligueurs font courir le bruit

VALOIS

FIN 1328
1589

$\frac{1589}{1848}$ **LES 8**

Bourbons

B C'est un tout petit fief, ou « Sieurie », qui donne son nom à la plus grande dynastie des rois de France : le Bourbonnais. Il avait échu à la famille des Capétiens, par le mariage de Robert de Clermont, sixième fils de Saint Louis, avec son héritière. La dynastie des Bourbons est appelée sur le trône de France dans le déchaînement des guerres de religion. Henri, sire de Bourbon et roi de Navarre, apparaît comme le seul capable d'apaiser les esprits. Bien que protestant, il est appelé à succéder à Henri III, et se convertit ensuite par raison au catholicisme.

Sa grande œuvre est de réconcilier le Roi avec la nation, c'est-à-dire ses sujets. Il reprenait ainsi la politique des premiers Capétiens, qui s'étaient alliés au peuple de France, bourgeois des villes, vilains, petits nobles, contre les grands seigneurs qui leur tenaient tête. Cette politique ne sera pas poursuivie. Les successeurs d'Henri IV, assistés par de grands ministres, délaissent l'alliance entre le

Roi et son peuple, pour instaurer une monarchie absolue, autoritaire, une monarchie qui sacrifie la prospérité de la nation au prestige et à la puissance militaire.

Pour Louis XIV, le pouvoir, venant de Dieu, doit être absolu. Les Etats Généraux ne sont plus convoqués, les Parlements doivent se taire... L'évolution ne pouvait aller plus loin. Le pouvoir, endetté par les guerres, pressure le peuple qui, seul, paie des impôts. La profonde et intolérable inégalité devant l'impôt devient criante. Les rois commettent l'erreur de se solidariser avec les privilégiés et se trouvent alors isolés de leur peuple. Ebranlé depuis longtemps par des soubresauts internes, l'édifice s'écroule de façon brutale et soudaine, sous les heurts des révolutions de 1789, 1830 et 1848.

Les Bourbons n'en apportent pas moins à la France un prestige et une prépondérance indiscutés en Europe. Prestige intellectuel d'abord : la littérature et l'art classiques ont brillé d'un éclat incomparable qui, bien plus que les armées, assurent à la langue et à la culture françaises, un extraordinaire rayonnement européen. Les guerres de Louis XIV ont pour effet de consolider les frontières historiques de la France. Mais elles sont aussi génératrices de misères et de désordres qui auront leur part dans la chute de la royauté.

ARBRE GÉNÉALOGIQUE DES BOURBONS

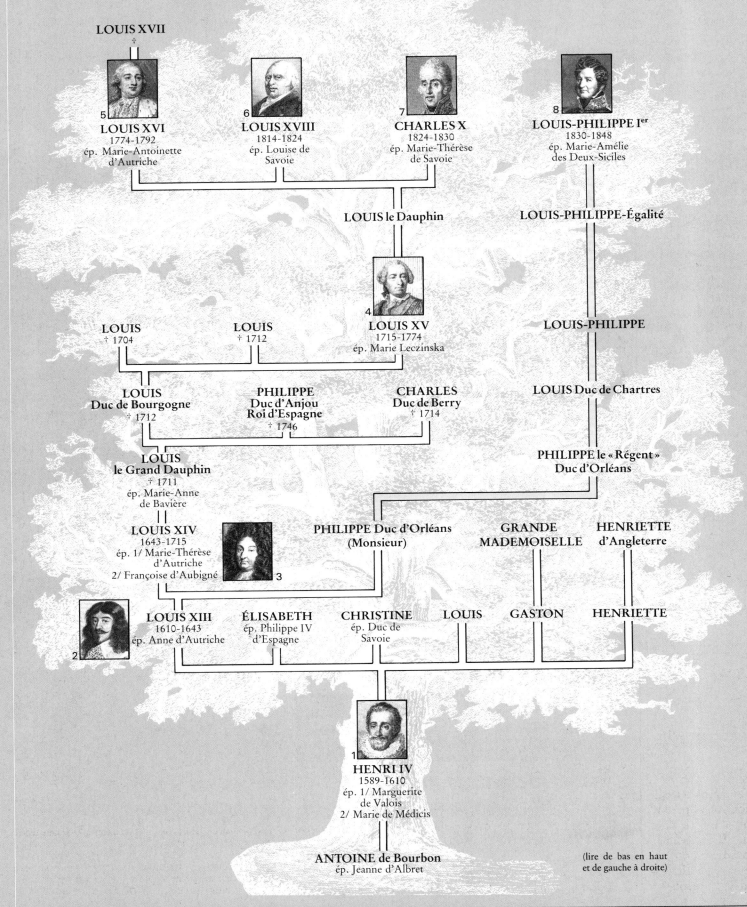

LOUIS XVII
†

5
LOUIS XVI
1774-1792
ép. Marie-Antoinette
d'Autriche

6
LOUIS XVIII
1814-1824
ép. Louise de
Savoie

7
CHARLES X
1824-1830
ép. Marie-Thérèse
de Savoie

8
LOUIS-PHILIPPE Ier
1830-1848
ép. Marie-Amélie
des Deux-Siciles

LOUIS le Dauphin

LOUIS-PHILIPPE-Égalité

4
LOUIS XV
1715-1774
ép. Marie Leczinska

LOUIS
† 1704

LOUIS
† 1712

LOUIS-PHILIPPE

LOUIS
Duc de Bourgogne
† 1712

PHILIPPE
Duc d'Anjou
Roi d'Espagne
† 1746

CHARLES
Duc de Berry
† 1714

LOUIS Duc de Chartres

LOUIS
le Grand Dauphin
† 1711
ép. Marie-Anne
de Bavière

PHILIPPE le « Régent »
Duc d'Orléans

LOUIS XIV
1643-1715
ép. 1/ Marie-Thérèse
d'Autriche
2/ Françoise d'Aubigné
3

PHILIPPE Duc d'Orléans
(Monsieur)

**GRANDE
MADEMOISELLE**

HENRIETTE
d'Angleterre

2
LOUIS XIII
1610-1643
ép. Anne d'Autriche

ÉLISABETH
ép. Philippe IV
d'Espagne

CHRISTINE
ép. Duc de
Savoie

LOUIS

GASTON

HENRIETTE

1
HENRI IV
1589-1610
ép. 1/ Marguerite
de Valois
2/ Marie de Médicis

ANTOINE de Bourbon
ép. Jeanne d'Albret

(lire de bas en haut
et de gauche à droite)

HENRI IV
dit «le Grand»

1589-1610

HENRI IV

fait preuve, à leur égard, d'une grande clémence : l'ère des assassinats semble terminée. Reste la province. Henri enlève aux Parlementaires, tous anciens ligueurs, leur droit de "remontrance" c'est-à-dire de critique à l'égard du Roi. Pour surveiller les villes, il crée les "Intendants". Il contraint princes et nobles à regagner leurs terres et ne convoque plus les Etats-Généraux.

Enfin reconnu par ses sujets, le roi Henri doit régler deux questions en suspens : expulser les Espagnols et en finir avec la querelle religieuse. Après trois ans de guerres difficiles contre Philippe II, qu'il mène aux côtés de son ami Sully, il signe avec le souverain espagnol la Paix de Vervins en 1598, qui ramène les frontières de la France à celles de la Paix de Cateau-Cambrésis.

"Rallier à son panache blanc" les deux factions religieuses, est plus délicat. En 1598, il publie l'Edit de Nantes. Cet acte rend la liberté de culte aux calvinistes, leur donne l'égalité devant la loi, et l'accès à toutes les fonctions. Les protestants, qui avaient tourné le dos au roi après sa conversion, paraissent désormais satisfaits des "privilèges" qu'on semble leur accorder. Les passions religieuses n'en sont pas éteintes pour autant car l'idée de tolérance est impensable en cette

Né au château de Pau, fils d'Antoine de Bourbon et de Jeanne d'Albret, reine de Navarre, Henri IV est le descendant du sixième fils de Louis IX, Robert de Clermont. Très différent de ses prédécesseurs, c'est un Français du Midi : il a la parole prompte et la gouaille des Gascons, la bonne humeur aussi... même en face des situations les plus préoccupantes comme celle de relever la France après les guerres de religion.

L'anarchie règne en France. Paris, aux mains de la Ligue et du Conseil des 16, est en état de siège, et préfère se laisser mourir de faim plutôt que de se rendre à l'"hérétique". La France catholique refuse un roi protestant, un roi relaps (qui est retombé dans l'hérésie qu'il avait abjurée), un roi, enfin, qui ne peut être sacré à Reims. Ses compagnons d'armes, protestants de Navarre, l'abandonnent ; pourquoi "servir" un roi de France ? Henri renonce momentanément à poursuivre le siège et fait ses premières armes en Normandie contre le duc de Mayenne, nommé lieutenant-général du Royaume par le Conseil des 16. Il l'écrase à Arques et Ivry en 1589-1590 et regagne Paris. Pendant ce temps, Philippe II d'Espagne avait envoyé une garnison à Paris pour "secourir" les catholiques, avec toutefois l'arrière-pensée très précise de placer sa fille Isabelle sur le trône de France. Cette garnison force Henri IV à lever le siège. Les Etats-Généraux réunis en 1593 vont-ils accepter une femme sur le trône de France ? Les députés sont très hésitants... n'est-ce pas bafouer la Loi Salique ?... et l'ambassadeur d'Espagne est si maladroit !

Tout à coup, le 25 juillet 1593, on apprend qu'Henri IV a abjuré pour la deuxième fois, à Saint-Denis. Le roi est catholique. Il est sacré à Reims le 7 février de l'année suivante. Immédiatement Paris lui ouvre ses portes. "Paris vaut bien une messe", dira-t-on plus tard. L'un après l'autre, les chefs de la Ligue se soumettent, et Henri, contrairement aux Valois,

« RALLIEZ-VOUS À MON PANACHE BLANC »... pour la victoire.
Jusqu'à ce jour, Henri de Navarre a tenu tête à Mayenne mais, cette fois-ci, le général en chef de la Ligue aligne une armée deux fois plus importante que la sienne : 17 000 hommes où se retrouvent des fantassins suisses, des cavaliers allemands, des carabiniers espagnols et des gendarmes wallons. Comment s'y retrouver au milieu de tant d'étendards ? Henri veut éviter les méprises et se faire repérer partout où le combat fait rage, c'est-à-dire là où il se trouve, car il aime se battre et se bat bien. « Ralliez-vous à mon panache blanc ! » Le superbe faisceau de plumes blanches qu'il porte au sommet de son casque sera le signe visible de sa présence. La tête du roi de Navarre n'a pas de prix ! Trois heures suffiront pour donner aux Français une victoire sans bavures. *Ivry (Eure). 14 mars 1590.*

fin du XVIᵉ siècle. Mais la personnalité du roi, clément et tolérant lui-même, à la fois affable et autoritaire, impitoyable s'il le faut, permet le maintien de ce difficile équilibre entre les deux cultes, équilibre porteur de grands dangers pour l'avenir.

Ce n'est pas tout de restaurer la paix, il faut aussi relever le pays dévasté : "Qui aurait dormi 40 ans penserait voir non la France mais le cadavre de la France." Henri IV confie à son ami Sully, qu'il nomme en 1597, surintendant des Finances, le soin de restaurer l'économie. En dix ans, par des expédients souvent hardis, Sully résorbe la dette et reconstitue des réserves d'or. Il crée un nouvel impôt, la "Paulette", sur la vente et la succession de charges de fonctionnaire ou "offices". Passionné d'agriculture, "labourage et pâturage, dit-il, sont les deux mamelles dont la France est alimentée", il se méfie de l'industrie, créatrice à ses yeux, de luxe inutile. Il encourage les paysans et les place, pour la première fois, sous la protection, non plus des seigneurs tyranniques, mais du roi. Le "bon roi Henri", ami lui-même des paysans qu'il connaît bien depuis ses jeux d'enfance en Béarn, l'encourage fortement. La "poule au pot", qu'il veut mettre sur la table des familles paysannes le dimanche, n'est-elle pas le

pagnie des Indes" qui, à l'instar de celle du Levant, en Méditerranée, ferait le commerce avec l'Amérique – les "Indes" de Christophe Colomb –. Il installe à cet effet, à l'estuaire du Saint-Laurent au Canada, découvert en 1540 par Jacques Cartier, un premier bastion de la future colonie française, le Bas Canada, aujourd'hui le Québec.

Le siècle se termine. Henri a 47 ans et toujours pas d'héritier. Et pour cause : sa femme, Marguerite de Valois, qu'il avait épousée contre son gré en 1572, est reléguée au château d'Ussel, en Auvergne, pour cause d'infidélité ! En décembre 1599, le mariage est enfin annulé à Rome. Notre roi, surnommé le "Vert-Galant" car sa vie amoureuse s'étend au-delà des vertes années de sa jeunesse, veut-il épouser sa maîtresse, Gabrielle d'Estrées ? La mort de celle-ci en 1599 évite le scandale et Henri épouse en 1600 Marie de Médicis, fille du grand-duc de Toscane, dont il aura six enfants.

L'équilibre intérieur retrouvé, Henri IV songe à mettre en œuvre son "grand dessein" : une offensive contre le trop puissant empereur d'Autriche, Mathias de Habsbourg. Il s'apprête à partir lorsqu'il est assassiné, le 14 mai 1610, par l'obscur Ravaillac, victime de la dix-huitième tentative d'assassinat perpétrée contre lui.

L'ASSASSINAT D'HENRI IV : le roi meurt, le cœur deux fois « navré ». Henri IV sort pour aller voir son ami, Sully, malade. Il fait chaud ; on prend un carrosse ouvert. Un homme suit la voiture. Profitant d'un embouteillage dans une rue du Marais, l'inconnu saute sur une borne et « navre », poignarde, le Roi de deux coups de couteau. Le second est mortel. Le Roi s'effondre. On fait croire à une simple blessure. L'assassin se laisse maîtriser : François Ravaillac, ancien maître d'école à Angoulême, parle de Dieu, les yeux tournés vers le ciel. Le corps du Roi est ramené au Louvre. Henri le Grand n'est plus. **Paris, 14 mai 1610.**

symbole de cette prospérité retrouvée ? Cependant que Sully rétablit l'agriculture, Henri IV conseillé par Laffemas, crée des manufactures, des routes et des canaux pour exporter les produits de ces manufactures. Il tente d'instituer une "Com-

LOUIS XIII
dit « le Juste »

1610-1643

les complots et châtie impitoyablement les auteurs de ces « crimes d'Etat ». Ainsi la reine mère est-elle exilée après la « Journée des Dupes » (10 novembre 1630) où elle avait obligé le roi à choisir entre « le valet et sa mère ». Ainsi le duc de Montmorency, premier baron du royaume, gouverneur du Languedoc, est-il décapité pour une tentative armée en 1632. Ainsi Cinq-Mars, décapité également en 1642 malgré l'amitié qui le lie au roi, pour avoir comploté avec Gaston d'Orléans et les souverains ennemis. La liste en serait longue. Toute désobéissance est frappée parfois sans jugement. Les duellistes indociles sont punis de mort et les détracteurs du gouvernement, emprisonnés. Les fonctionnaires n'échappent pas à cette vigoureuse reprise en main : Richelieu augmente les pouvoirs des intendants, ancêtres de nos préfets actuels. Contrairement à Henri IV et Sully, Louis XIII et Richelieu sont haïs par le peuple à cause des impôts : leur seul souci est la « grandeur du royaume » et la « majesté du roi ». Pour défendre la langue française, Richelieu fonde en 1635 l'Académie Française, et le premier journal apparaît en France, « La Gazette ».

Mais c'est en politique extérieure que son génie triom-

LA COMMUNION AVANT L'ASSAUT FINAL : l'évêque est aussi général.
Si le Cardinal de Richelieu est amiral, Henri de Sourdis est évêque et général. Ses mousquetaires ont débarqué dans l'île de Ré. Ils vont tenter de libérer les catholiques de la citadelle de l'île, Saint-Martin : le beau duc de Buckingham, venu soutenir les protestants, les a obligés à s'y replier. L'évêque fait communier ses hommes. Dans quelques instants, nourris de Dieu, ils vont faire un carnage dans les rangs anglais. Le soir, après sa victoire, l'évêque apprend qu'il est nommé à Bordeaux. Quelle promotion ! Dans l'Eglise, comme dans l'Armée, pour monter en grade, il suffit parfois de savoir se battre ! ***Ile de Ré. 30 octobre 1627.***

A la mort d'Henri IV, Louis XIII n'a que huit ans. La Reine mère, Marie de Médicis, est déclarée Régente par le Parlement de Paris. Sa sœur de lait et son mari, Concini, la conseillent. L'influence espagnole se fait sentir à nouveau. Les Grands (princes du sang et seigneurs) qu'Henri IV avait écartés relèvent la tête et se font verser de grosses pensions. Puis, une fois le Trésor vidé, se révoltent. Le jeune roi est impatient de régner. En 1615, devenu majeur, il a épousé Anne d'Autriche, fille de Philippe III, roi d'Espagne. Brusquement, en 1617, il fait assassiner Concini et invite sa mère à « ne se mêler de rien ». Son ami de Luynes gouverne. Les nobles se révoltent à nouveau et les protestants se soulèvent dans le Midi. C'est alors qu'Armand Duplessis, duc de Richelieu, évêque de Luçon, nommé Secrétaire d'Etat à la Guerre par Marie de Médicis, réussit à réconcilier le Roi et sa mère. Il obtient en échange le chapeau de cardinal et entre au Conseil en 1624. Sa grande ambition est d'affermir la « majesté du roi » et la « grandeur du royaume ». Quelques mois plus tard, il devient « chef du Conseil » et, dès lors, un grand changement se produit : après une politique brouillonne de quatorze ans, « un grand règne sans un grand roi » est inauguré.

Les places fortes accordées aux protestants par l'édit de Nantes leur ont donné une indépendance politique qui constitue un réel danger pour la France : ils tiennent tête à Louis XIII. Richelieu les brise au siège de La Rochelle en 1628, et met fin à leurs privilèges politiques en 1629 par l'édit de grâce d'Alès qui leur conserve cependant la liberté de culte et l'égalité devant la loi.

Contre les Grands, le Cardinal frappe fort et dur. Les deux reines – Marie de Médicis et Anne d'Autriche – et le frère du roi, Gaston d'Orléans, ont juré de l'abattre. Mais le Cardinal a des services secrets redoutables. Il déjoue tous

phe. « Mettre la France partout où fut la Gaule » est son grand dessein et il est puissamment aidé par le père Joseph, son « éminence grise » (à cause de la couleur de sa soutane), à la fois conseiller et chef des services secrets.

LOUIS XIII

Tous deux "dominent l'échiquier européen" d'une vue large et lucide. En 1635, la France entre officiellement dans la guerre dite "de Trente ans" d'abord contre Philippe IV d'Espagne, puis, en 1637, contre l'empereur Ferdinand III. Condé et Turenne se battent sur plusieurs fronts, tout autour des frontières de la France : l'Alsace, occupée en 1639, l'Italie, le nord de la France, de la Picardie à l'Ardenne, et la Catalogne. Du vivant de Richelieu et Louis XIII, seuls l'Alsace, l'Artois et le Roussillon seront acquis. La France sera même envahie en 1636, par les Espagnols qui, venant des Pays-Bas, menacent Paris. L'ennemi est repoussé tandis qu'à Paris se joue "Le Cid" de Pierre Corneille, pièce à la gloire de la bravoure espagnole ! Le Roussillon est acquis après le soulèvement des Catalans contre Philippe IV. Ceux-ci font appel à la France. En 1642, un long siège est soutenu à Perpignan par le roi, conseillé par Richelieu, retenu à Narbonne par la maladie. Lorsque la ville cède, Richelieu profite de sa victoire pour négocier l'Artois et le Roussillon. La frontière pyrénéenne est désormais fixée. Richelieu, de santé très fragile, meurt en 1642, ayant préparé le règne suivant, la victoire de l'absolutisme, et assuré l'acquisition des "frontières naturelles de

LOUIS XIV
dit «Dieudonné», «le Grand» et le «Roi-Soleil»

1643-1715

RICHELIEU AU PAS DE SUSE : un cardinal sur les traces d'Hannibal.
Cette étroite vallée du Piémont bardée de fortins conduit à Suse, une des clefs qui ouvrent le Piémont. Richelieu ne peut accepter de voir cette ville, propriété du feu duc de Mantoue, revenir au puissant duc de Savoie, allié de l'Autriche. Il attend la fin du siège de La Rochelle pour traverser les Alpes et attaquer, en présence du Roi, ce duc plein de convoitise. Il force le passage, le Pas-de-Suse, et reçoit la ville... en cadeau forcé. Rappelé en France pour aller combattre les Protestants du Languedoc, Richelieu se fera reprendre Suse mais il repassera les Alpes l'année suivante pour enlever Pignerol, le Gibraltar de l'Italie. *6 mars 1629.*

la France". Sans lui, le règne de Louis XIII eut été certainement moins brillant ; le mérite de Louis XIII est d'avoir su le garder envers et contre tous. Le roi le suit de très près dans la tombe. Il meurt le 14 mai 1643, à Saint-Germain-en-Laye.

La minorité de Louis XIV, âgé de cinq ans à la mort de son père, aurait pu être redoutable si Richelieu n'avait pas désigné un ministre pour continuer sa grande politique : le cardinal Mazarin. Celui-ci gouverne pratiquement seul pendant la régence d'Anne d'Autriche (1643-1652) et les premières années de la majorité de Louis XIV. Le lien sentimental qui existe entre la régente et ce ministre — un Italien

LE MARIAGE DE LOUIS XIV ET DE MARIE-THÉRÈSE, Infante D'ESPAGNE.
Ce mariage n'est pas le résultat d'un coup de foudre. Vingt-quatre entrevues ont eu lieu dans l'île des Faisans, sur la Bidassoa. Les deux premiers ministres français et espagnol, Mazarin et Luis de Haro, ont préparé le traité des Pyrénées qui donne l'Infante au Roi. La dot est immense : elle représente sa part de l'héritage paternel. Les jeunes époux – ils ont le même âge, vingt-deux ans – font un long voyage de noces : deux mois à travers la France en fête pour gagner Paris. *9 juin 1660.*

habile mais impopulaire — épargne à ce dernier les complots qu'avait connus Richelieu. Il n'a pas à défendre son pouvoir. Il est intelligent et tout-puissant.

Et pourtant la situation n'est pas idyllique en France : le trésor est vide et Paris se soulève en une guerre appelée du nom d'un jeu d'enfants à la mode, la « Fronde ». Ce sont d'abord les parlementaires qui mènent le jeu. Ces magistrats de la Cour de Justice qui sont des bourgeois anoblis par leurs fonctions (la « noblesse de robe »), ne participent aux décisions politiques que par l'exercice de leur « droit de remontrance » et de leur droit d'« enregistrement » des édits royaux (un édit n'est valable que lorsqu'il est copié sur les « registres » du Parlement). Mais cela ne leur suffit pas et, en 1648, ils se révoltent et décident de faire, de leur propre chef, des réformes et notamment de supprimer les intendants. La reine mère riposte en arrêtant un des parlementaires les plus intransigeants. Tout Paris se soulève et Anne d'Autriche s'enfuit à Saint-Germain en Laye avec le petit roi, protégée dans sa fuite par le duc d'Enghien, Condé, « Monsieur le Prince », qui fait ensuite le blocus de Paris. En quelques semaines la ville, affamée, fait la paix avec la régente : c'est la fin de la « Fronde parlementaire ». Mais le Grand

Mazarin a plus de chance à l'extérieur qu'à l'intérieur. Il récolte les fruits de l'admirable diplomatie de Richelieu. Il signe avec l'Empereur les traités de Westphalie, le 24 octobre 1648, qui confirment à la France la possession de l'Alsace, à l'exception de quelques villes. Reste l'Espagnol, contre qui Condé a remporté les fameuses victoires de Rocroy (19 mai 1643) et de Lens (1648), victoires qui mettent la France au premier rang militaire de l'Europe. Ces succès sont arrêtés par la Fronde et la trahison de Condé. Turenne se bat pendant onze ans sans succès définitif. Mais en 1659, la paix des Pyrénées est enfin signée et la guerre de Trente Ans terminée. Elle confirme à la France l'Artois et le Roussillon. Louis XIV épouse Marie-Thérèse, infante d'Espagne et pardonne à Condé. Lorsque Mazarin meurt en 1661, Louis XIV annonce qu'il entend désormais régner seul, être son propre premier Ministre.

Louis XIV a, en effet, tiré des événements précédents plusieurs leçons : tout d'abord, il se méfie de Paris. Dès 1661 il se fait construire à Versailles un somptueux palais, dans lequel il impose ses goûts, discute les plans avec Le Vau et Mansart, organise les jardins avec Le Nôtre, les décors avec le peintre Le Brun. C'est le triomphe du classi-

LA PRISE DE VALENCIENNES : Vauban s'impose par sa technique.
Le Roi veut prendre Valenciennes en pleine nuit. Vauban préfère le jour, ce qui n'est pas dans les habitudes de l'armée. Mais il est sûr de lui, de ses géniales trouvailles d'ingénieur et, en plus, soucieux d'économiser les vies humaines. Tranchées larges, parallèles de raccordement, boulets creux et banquettes de tir permettent des assauts plus rapides et des brèches plus efficaces. Après la prise de Valenciennes, il y aura celle de Cambrai. Vauban devient Commissaire des Fortifications : il va consolider les frontières à l'est et au nord (Franche-Comté, Lorraine et Flandre). *17 mars 1677.*

LES AMBASSADEURS DU SIAM ADORENT LE ROI-SOLEIL.
Le Roi de Siam est un protecteur des chrétiens. Des missionnaires arrangent une rencontre au sommet : des ambassadeurs sont invités à Versailles. Pour la première fois, l'Orient va pouvoir se rendre compte de ce que l'Occident sait faire. Le trône du Roi a été surélevé dans la galerie des Glaces. Les Siamois se prosternent longuement puis, à reculons, regagne la porte où ils ont amassé leurs cadeaux. La Cour est éblouie par la beauté des porcelaines et les dessins des paravents. « Mission accomplie », pense l'abbé de Lyonne, leur traducteur-interprète. *1684.*

Condé, sauveur du royaume, a de telles exigences que la régente le fait arrêter. La « Fronde des princes » commence. Pendant deux ans, Paris est le siège de la guerre civile, deux ans d'anarchie à la fin desquels les Parisiens, excédés des brutalités des soldats de Condé, supplient le roi et Mazarin de rentrer dans la capitale. Paris leur fait un véritable triomphe et Condé, déçu, décide de « trahir » et s'en va rejoindre les rangs des troupes espagnoles.

cisme et de la raison qui se retrouveront également dans la littérature avec les chefs-d'œuvre de Racine, Boileau, Bossuet, La Fontaine, Molière, Mme de Sévigné. Le château de Versailles est désormais la demeure des rois de France. Ils y résideront presque sans interruption jusqu'en 1789. Louis XIV y transporte sa cour qui s'est prodigieusement accrue : sa Maison militaire, sa Maison civile, les simples courtisans. Divertis par l'éclat des fêtes et le cérémonial de l'étiquette qui règle les moments de la vie du roi, ils en oublient leurs ambitions politiques. Les amours du roi avec Mesdames de La Vallière, de Montespan et de Fontanges remplissent leur vie. Ils sont surveillés, domestiqués sans s'en rendre compte.

Enfant, Louis XIV fut très impressionné par la Fronde. C'est pour cela qu'il réagit avec force contre les « idées libérales » selon lesquelles le pouvoir du monarque peut être discuté. Il a une haute idée de son « métier de roi » et veut tout savoir à fond. Il élabore une sorte de doctrine de l'absolutisme, selon laquelle le roi, dépositaire de la puissance divine, par le sacre, exerce le pouvoir dans sa plénitude. « L'Etat, c'est moi ! » Et pour bien montrer qu'il est seul à régner, il ne convoque pas les Etats Généraux, supprime le droit de remontrance du Parlement et ne discute plus des affaires de l'Etat qu'avec un conseil restreint, désormais appelé le Conseil d'En Haut, composé de ses intimes, les ministres d'Etat Fouquet, Le Tellier, Hugues de Lionne puis après la disgrâce de Fouquet, Colbert et Louvois. Son orgueil est demesuré, son emblème, un soleil dardant ses rayons sur le monde, c'est « le Roi-Soleil ».

Mais une contradiction majeure tourmente ce roi de « droit divin » : comment tolérer dans le royaume la coexistence de plusieurs religions ? L'unité classique est de règle, un roi, une foi. Deux « hérésies » la compromettent : le jansénisme et le calvinisme. Il abat la première, défendue par Pascal, en faisant raser l'abbaye de Port-Royal. Les calvinistes pratiquent en toute liberté leur culte grâce à l'édit de Nantes. Le 18 octobre 1685, il révoque l'édit de Nantes. Les temples sont détruits, les pasteurs bannis, le culte interdit. Beaucoup s'exilent, d'autres abjurent, certains pra-

tiquent en cachette. Sur le plan économique, c'est une catastrophe, car toute une élite d'hommes d'affaires, d'industriels, de financiers « huguenots » quitte la France pour n'y jamais revenir.

Mais le roi n'entend rien en matière d'économie. En 1665 il confie la surintendance des Finances à son « grand commis », Colbert, pour qui il crée le titre de « contrôleur général des finances ». Il a renvoyé et même emprisonné Fouquet qui s'enrichissait de manière trop voyante. Colbert crée des manufactures capables de fabriquer « ce qu'il y a de mieux dans toutes les parties du monde ». Son grand rêve est de créer une flotte marchande pour supplanter les navires hollandais ; il n'y réussira jamais. Il fonde des compagnies de commerce et acquiert des colonies (l'Ile Bourbon et l'Ile de France, appelées aujourd'hui La Réunion et l'Ile Maurice). Secrétaire d'Etat à la marine, il crée une flotte de guerre puissante. Et pour recruter les marins, il institue l'« Inscription Maritime ». Les amiraux Duquesne et Tourville sont aidés dans leur tâche par les corsaires Jean Bart et Duguay-Trouin à la tête de navires marchands autorisés à « courir sus » aux navires ennemis.

La guerre est, en effet, le souci majeur de Louis XIV. Sur son lit de mort il dira : « J'ai trop aimé les guerres et les bâtiments. » De fait, il excelle dans les deux « arts ». La voie lui a été tracée par Richelieu : mettre fin à l'encerclement austro-espagnol de la France, retrouver les frontières de l'ancienne Gaule ou « frontières naturelles de la France ». En 1665, dans la guerre dite « de dévolution », Condé et Turenne occupent l'un la Flandre, l'autre la Franche-Comté. Par la paix d'Aix-la-Chapelle, Louis XIV annexe les villes de Lille, Douai, Charleroi.

Mais la Franche-Comté avait été trop facilement entamée pour que Louis XIV l'abandonne. En 1672, il se lance dans la « guerre de Hollande » contre Guillaume d'Orange, l'Autriche, l'Espagne et l'électeur de Brandebourg. La flotte hollandaise que Colbert veut briser, est arraisonnée par Duquesne en Méditerranée et Louis XIV reprend l'Alsace envahie par l'Empereur. A la paix de Nimègue signée le 17 septembre 1678, la France acquiert la Franche-Comté et les villes de Valenciennes, Cambrai et Maubeuge.

Sa campagne d'Alsace a montré à Louis XIV que la frontière orientale est vulnérable. Par la politique des « réunions », il annexe purement et simplement des villes libres d'Alsace. Hollande, Espagne et Allemagne forment alors la coalition dite de « la Ligue d'Augsbourg » en 1688. De brillantes victoires du Maréchal de Luxembourg et de Catinat assurent à Louis XIV Strasbourg et Sarrelouis, par la paix de Ryswick, signée le 4 octobre 1691. Louis XIV reconnaît désormais Guillaume d'Orange comme roi d'Angleterre.

◄ **LOUIS XIV ET LE NÔTRE : Versailles, côté Cour et côté jardins.**
« Le Nôtre, je vous anoblis. Quelles armoiries vous plairaient ? » « Sire, j'ai déjà les miennes ; ce sont trois colimaçons couronnés d'une pomme de chou. » Un grand Roi s'adresse à un grand jardinier. Ce dialogue montre que chacun sait rester à sa place. Le monstre marin ne crache pas encore dans le bassin, mais l'eau est là, pompée dans la Seine à Marly. Le diamètre des tuyaux de plomb ne permet pas un débit suffisant pour faire tout jaillir en même temps ; on ouvre les robinets quand le Roi passe. Quand il est passé, on ferme pour alimenter le bassin suivant.

LOUIS XIV

Le roi avait conclu rapidement cette paix pour avoir les mains libres dans la succession d'Espagne. Qui allait succéder à Charles II d'Espagne mourant, Charles d'Autriche ou Philippe d'Anjou, petit-fils de Louis XIV ? La longue « guerre de succession d'Espagne » débute mal. Pour la première fois, le Grand Roi subit des revers. La France est sauvée grâce aux nouveaux maréchaux, Villars et Vendôme et, à la paix d'Utrecht en 1713, la France reste intacte, à l'exception de l'Ile de Terre-Neuve qui commande l'entrée du Canada. Un Bourbon est sur le trône d'Espagne. C'est la fin de la puissance austro-espagnole que François Ier avait tant désirée.

À la fin du règne de Louis XIV, l'Europe se coalise contre le roi ; le monde protestant ne lui pardonne pas la révocation de l'Edit de Nantes ; le pape lui est hostile à cause de son gallicanisme. La situation financière est alarmante. La disette et la famine sévissent depuis la mort de Colbert en 1683. Louis XIV qui, après la mort de la reine en 1683, a épousé secrètement la dévote Madame de Maintenon, devient dévot lui-même et les courtisans l'imitent par obligation. La cour devient austère, le Dauphin est mort. Au mois de septembre 1715, atteint de gangrène, le roi meurt dans d'atroces souffrances.

LOUIS XV
dit «le Bien-Aimé»

1715-1774

L'ÉDIT DE NANTES ANNULÉ : une révocation qui devient répression.
A Nantes, en 1598, Henri IV accorde aux protestants (il l'a été) le libre exercice de leur culte et des « places de sûreté » comme La Rochelle. Son petit-fils revient sur cet édit de liberté, il le révoque. Alors commence la pire des persécutions faites à des hommes de bon vouloir : culte interdit, exil puni des galères, enlèvements des enfants à leurs pères pour leur donner une éducation catholique, guerre contre les Camisards réfugiés dans les Cévennes. Des protestants seront accueillis, avec leur savoir-faire, dans tous les pays d'Europe, jusqu'en Russie. L'acte odieux du Roi, que Colbert n'aurait pas supporté, inaugure une ère de persécutions qui a des résonances d'apartheid... avant l'heure. *18 octobre 1685.*

Pendant huit années, Philippe d'Orléans exerce la régence. Cette période est appelée « La Régence », comme si il n'y en avait eu qu'une, car elle a vu naître un style nouveau, une formidable réaction contre le règne précédent. La Cour est retournée à Paris, les fêtes battent leur plein, le « maniérisme » remplace la raideur classique. Les jansénistes sont libérés. Le Parlement de Paris retrouve son droit de remontrance. Pourtant les caisses de l'Etat restent désespéré-

UN LIT DE JUSTICE : Sa Majesté peut tout contre ses magistrats.
Quand le roi s'asseoit sur le lit surmonté d'un dais, placé pour lui dans un Parlement, il signifie par sa seule présence qu'il est venu faire enregistrer une de ses ordonnances (ou lois). Rien ni personne ne peut alors s'opposer à son pouvoir de législateur : s'il y a refus des magistrats, il leur envoie d'abord une lettre de jussion (du latin « jussio », ordre) qui est une demande expresse de revenir sur leur décision. Si la lettre n'a pas d'effet, il tient un lit de justice et, dans ce cas, tout refus peut se traduire par l'emprisonnement ou l'exil. Pourtant les Parlements sont des cours souveraines qui peuvent voter des « arrêts de règlement » ayant force de lois. Mais le roi peut casser ces arrêts. A la fois puissants et dépendants, les magistrats tentent de garder un pouvoir politique, le seul qui existe en dehors de la Cour et de ses ministres.

ment vides. Le banquier écossais Law se charge de les renflouer, mais l'émission de ses billets de banque ne parvient qu'à résorber un peu la dette et à donner l'impulsion au commerce extérieur. En 1725, Louis XV épouse Marie Leczinska, fille du roi de Pologne. Elevé dans les délices de la régence, il est insouciant et sceptique. Il n'a pas le sens politique de son arrière-grand-père Louis XIV et manque bien souvent de confiance en soi. Le roi hésite, ordonne, se repent... La continuité politique préparée par Richelieu est rompue. Les ministères se succèdent : le duc de Bourbon, le duc de Choiseul, l'Abbé Terray. Un seul grand ministère cependant, celui du cardinal Fleury, ancien précepteur du roi. Celui-ci rétablit l'économie mais se heurte à l'opposition des Parlements et des jansénistes et le roi ne le soutient pas, comme autrefois Louis XIII et Richelieu. La politique extérieure n'est pas moins discontinue. Dans la guerre de succession d'Autriche, en 1741, il soutient l'électeur de Bavière contre Marie-Thérèse d'Autriche. Celle-ci envahit la Lorraine, qui avait échu à Stanislas Leczinski, beau-père de Louis XV, chassé de son trône de Pologne. Louis se rend lui-même en Lorraine. En campagne il tombe gravement malade et toute la France pleure son souverain « bien-aimé ». Celui-ci guérit et le peuple déchante.

et hollandaise. Au lieu de dicter ses conditions, Louis XV, au Traité d'Aix-la-Chapelle, en 1748, rend toutes ses conquêtes, refusant de « traiter en marchand » ! Le peuple français, indigné, forge l'expression « travailler pour le roi de Prusse ». En 1756, au début de la guerre de Sept Ans, sous l'influence de sa favorite, la marquise de Pompadour, Louis XV s'allie avec Marie-Thérèse d'Autriche, son ancienne ennemie, et porte en Silésie une guerre inutile. L'Angleterre en profite pour s'emparer de toutes les colonies de la France. L'impopularité du roi est à son comble. En 1764, les parlementaires, en majorité jansénistes forcent le roi à supprimer l'ordre des jésuites, la compagnie de Jésus. Cette victoire montre la puissance du Parlement de Paris. Jusqu'à l'arrivée de Maupéou, il tient tête au roi en faisant la grève. Mais en 1770, le nouveau ministre, Maupéou, dans le premier geste autoritaire de ce règne, renvoie et exile les parlementaires en grève, et abolit la vénalité des charges judiciaires. Les juges n'achèteront plus leurs offices, ils seront nommés et rémunérés par l'Etat. Le roi n'en reste pas moins impopulaire car la nouvelle favorite, la comtesse du Barry, continue à dilapider l'argent de l'Etat tandis que l'abbé Terray en est réduit aux pires expédients. Lorsque le roi meurt, en mai 1774, il est si impopulaire qu'on ne lui

LA RUE QUINCAMPOIX, TROIS ANS RUE DE LA FORTUNE.
Elle est étroite mais fréquentée par tant de gens de toutes conditions qu'on la ferme la nuit. John Law, un riche Ecossais, y a installé sa banque... et est autorisé par un Etat plein de dettes à y créer la Compagnie des Indes : elle promet la fortune à ceux qui achètent ses actions, des papiers magiques qui coûtent peu et peuvent rapporter gros. Trois années de délire et de spéculation conduisent Law à la banqueroute : aucune richesse coloniale ne peut approcher les chiffres inscrits sur ses papiers. Les « nouveaux riches » exigent le départ de leur marchand de rêves. Law termine sa vie à Venise, conscient sans doute que les meilleurs projets peuvent tomber à l'eau. *1720.*

LA BATAILLE DE FONTENOY ... commence par un assaut de politesse.
Quelque part dans le plat pays, deux armées vont s'affronter pour la plus grande gloire de leur royaume. La France et l'Angleterre sont face à face, près de Fontenoy, non loin de Tournai. Comme s'ils sortaient d'un salon noble, les chefs font alors assaut de politesse. « Faites tirer vos gens », dit un lord anglais. « A vous l'honneur », répond un comte français. Et quatre cents gardes de notre armée tombent au sol, fusillés en priorité. Il faudra l'artillerie de Maurice de Saxe, maréchal de France, distingué mais moins cérémonieux, pour sauver ce massacre en dentelles et donner la victoire. *11 mai 1745.*

En effet, en 1745, il remporte aux côtés du maréchal de Saxe la victoire de Fontenoy contre les armées anglaise, autrichienne

fait pas de funérailles publiques ; on doit même l'enterrer de nuit à Saint-Denis.

LOUIS XVI
dit «le Restaurateur de la Liberté»
et «le roi Martyr»

1774-1792

Louis XVI est bien différent de son grand-père Louis XV. Homme simple, bon mari et bon père de famille, ses plaisirs sont les chasses autour de Versailles, la serrurerie et les arts mécaniques. Il comprend mal l'évolution du pays et ne s'occupe de politique que par devoir. Il est le roi d'un « Ancien Régime » qui croule de toutes parts. Les nobles sont hostiles à la monarchie absolue, les bourgeois combattent les privilèges de la noblesse et du clergé (exemptés de la plupart des impôts). Les paysans et le petit peuple des villes sont écrasés par les impôts royaux, par les « droits féodaux », qu'ils versent à leurs seigneurs, et la dîme qu'ils paient à l'Eglise.

Or la France est endettée. Lorsque Louis XVI décide d'aider contre l'Angleterre ses colonies révoltées d'Amérique, devenues les Etats-Unis, il mène, de 1778 à 1783, une guerre victorieuse, mais qui achève de ruiner le trésor.

Face à cette situation, il faudrait des réformes ; il suffirait que la noblesse et le clergé paient des impôts proportionnels à ceux du tiers état. Louis XVI commence par rétablir les Parlements, abolis par la réforme Maupéou. Composés de riches « nobles de robe », ceux-ci s'opposent de toutes leurs forces à l'abolition des privilèges. Dans cette atmosphère troublée, Louis XVI se débarrasse successivement de tous ses ministres des finances : le sage Turgot, qui voulait enrichir le pays, le banquier Necker, qui tente de bien administrer le budget, puis deux hommes plus discutables qui multiplient les emprunts, Calonne et Loménie de Brienne. Finalement Louis XVI se résigne à utiliser une institution datant du Moyen Age : il convoque les Etats Généraux le 1er mai 1789, ce qui n'avait pas été fait depuis 1614 et il rappelle Necker, devenu très populaire.

Des élections ont lieu dans chacun des trois ordres : clergé, noblesse et tiers état. En même temps, les électeurs

LOUIS XVI

proposent des réformes, dans des « cahiers de doléances ». Les Etats Généraux voteront-ils « par ordre » (donc deux voix pour les privilégiés contre une pour le Tiers Etat) ou « par tête » ? En obtenant son doublement (environ 600 députés face à 300 nobles et 300 prêtres) le Tiers espère un vote par tête. A ses 600 voix, il sait que s'ajouteraient celles de nombreux curés pauvres et de quelques nobles « philosophes ».

Louis XVI adopte des attitudes contradictoires dès la réunion des Etats Généraux à Versailles, le 5 mai 1789. D'abord il exige que les ordres siègent à part. Puis, le tiers ayant décidé de donner, seul, une Constitution à la France par le « serment du jeu de Paume », il ordonne au clergé et à la noblesse de le rejoindre... Peu après, il enjoint le Tiers de siéger à nouveau à part. Alors Mirabeau, noble libéral, déclare que « l'Assemblée Nationale Constituante » (nom que prennent désormais les Etats Généraux) ne se retirera que « par la force des baïonnettes ».

L'Assemblée Constituante dure jusqu'en octobre 1791. Elle donne alors une Constitution à la France, transformant la royauté absolue en royauté constitutionnelle. Louis XVI est roi « des Français » (et non plus de

LA PRISE DE LA BASTILLE ET LA MORT DE SON GOUVERNEUR. Si la Bastille est une des prisons de Paris, cette place forte haute de 25 mètres et flanquée de huit tours est aussi un dépôt de poudre... et la poudre nourrit les canons qui font sauter les portes des greniers. Le peuple de Paris a faim en ce mois de juillet, ce mois de «soudure» où les nouvelles récoltes n'ont pas encore remplacé ce qui reste de la moisson passée, souvent gardée par les accapareurs. Ils sont quelques centaines qui ont pris dès l'aube des armes aux Invalides, salariés du faubourg Saint-Antoine, marchands, soldats de métier et quelques bourgeois. Leur assaut et leur victoire vont coûter la vie au gouverneur de Launay qui a menacé de se faire sauter avec la poudre et a donné l'ordre à la petite garnison de tirer : on ne lui pardonne pas les morts, on le piétine, on le décapite. *14 juillet 1789.*

« France ») et gouverne avec « l'Assemblée Législative ». Déconcerté, il réagit par une série de maladresses. Il fait, en juillet, venir des troupes près de Paris. Aussitôt, la population se soulève et le 14 juillet 1789, prend les armes et enlève la prison de la Bastille, symbole de l'absolutisme.

LOUIS XVI

Le roi cède et accepte la création d'une « Garde Nationale », commandée par La Fayette, et le drapeau bleu, blanc, rouge (les deux couleurs de Paris et le blanc de la royauté). C'est alors que, dans la nuit du 4 août, l'Assemblée abolit tous les privilèges. Le 26 août est votée dans l'enthousiasme la « Déclaration des droits de l'homme et du citoyen ».

Une nouvelle menace, en octobre, où des officiers nobles piétinent le drapeau tricolore, suscite une émeute et une marche de Paris à Versailles (5 et 6 octobre). Louis XVI accepte de se rendre à Paris. Il accepterait peut-être la limitation de son pouvoir, mais sa conscience de chrétien est gravement atteinte par la « Constitution civile du clergé » du 12 juillet 1790 : ayant « nationalisé » les riches biens du clergé en novembre 1789, pour combler le gouffre financier, l'Assemblée avait décidé de payer des traitements aux évêques et aux curés, désormais simples « fonctionnaires publics » des cultes, élus comme les autres fonctionnaires. Ils doivent prêter serment. Beaucoup, les « réfractaires », refusent.

A Pâques 1791, Louis XVI veut se confesser à un prêtre réfractaire à Saint-Cloud. L'Assemblée refuse, aussi décide-

LA FAMILLE ROYALE EST ARRÊTÉE À VARENNES : fin d'une fuite.
Le Roi a pris contact avec Bouillé, général des armées de la Meuse. Il doit gagner Montmédy, tout près de la frontière belge et, de là, s'adresser au pays ou... en cas de malheur, fuir à l'étranger. Sa berline quitte les Tuileries dans la nuit du 20 juin. Après Bondy, premier relais, il en passe vingt autres : les chevaux sont changés toutes les trois lieues environ (une douzaine de kilomètres). A Sainte-Menehould, le fils du maître de poste le reconnaît. Il part au galop à travers champs pour rattraper la berline à Varennes, trente kilomètres plus loin. Là, le Roi et sa famille sont arrêtés par le procureur de la commune. Le retour à Paris se fait sous escorte. Le peuple parisien assiste, silencieux, à l'arrivée. **20-25 juin 1791.**

t-il de s'enfuir, non vers l'ouest royaliste, mais vers l'est où il pourra obtenir l'aide de l'étranger, et notamment de son beau-frère l'Empereur. Reconnu, il est arrêté à Varennes, ramené à Paris et suspendu par l'Assemblée. C'est alors que naît en France un fort parti républicain, dont la force est constituée par les « clubs » des « jacobins » et des « Cordeliers », tandis que les royalistes modérés se regroupent dans le club des « Feuillants ».

Dès lors l'empire d'Autriche et la Prusse, poussés par la reine, les royalistes et le roi lui-même, décident d'intervenir

LOUIS XVI

pour sauver la monarchie. Le 20 avril 1792, Louis XVI « déclare » la guerre. Après les premières défaites, on proclame « la patrie en danger », d'autant plus que le général prussien, Brunswick, à l'instigation secrète de Marie-Antoinette, menace d'anéantir Paris.

La guerre, la famine, la résistance du roi à certaines réformes, aboutissent à la journée révolutionnaire du 10 août 1792. Louis XVI et sa famille sont arrêtés et emprisonnés au « Temple ». C'est la fin de la royauté, de l'Assemblée Législative, de la Constitution de 1791. Dans une atmosphère surchauffée, marquée par les « massacres de septembre », une nouvelle assemblée constituante est élue, qui prend le nom de « Convention Nationale ». Tandis que les troupes révolutionnaires battent les Prussiens à Valmy (20 septembre), la République est proclamée.

Qu'allait-on faire du roi ? Son destin est scellé lorsque l'on découvre une « armoire de fer » qui contenait des documents prouvant sa collusion avec l'ennemi. La Convention décide de le juger elle-même, pour haute trahison. Il est défendu par les courageux avocats Malesherbes et de Sèze. La mort est votée à une large majorité. Son cousin,

LOUIS, SEIZIÈME DU NOM, VA MOURIR SUR UN ÉCHAFAUD.
Le 15 janvier 1793, le Roi est accusé d'attentat contre la sûreté de l'État. Le 17, il est condamné à mort avec 54 voix de majorité. Le 20, le sursis d'exécution est rejeté ; la mort doit avoir lieu dans les vingt-quatre heures. Après des adieux à sa famille, le Roi arrive en voiture, le matin du 21, sur la place de la Révolution, actuelle place de la Concorde. L'échafaud surplombe une marée de soldats. Paris est interdit de spectacle. L'abbé Edgeworth présente un crucifix au roi. Louis dit calmement : « Je meurs innocent des crimes qu'on m'impute. » Les tambours abîment le silence. A dix heures et vingt-cinq minutes, on montre sa tête au peuple absent. Son corps est inhumé rue d'Anjou. **21 janvier 1793.**

l'ex-duc d'Orléans, devenu Philippe Egalité, père du futur Louis-Philippe Ier vote la mort. Louis XVI meurt courageusement et avec une résignation toute chrétienne : le 21 janvier 1793, il est guillotiné sur la place de la Révolution (ex-place Louis XV, future place de la Concorde). Marie-Antoinette, la « veuve Capet », subit le même sort le 16 octobre 1793.

RÉVOLUTION FRANÇAISE
1789

PROCLAMATION
DE LA PREMIÈRE RÉPUBLIQUE
21 septembre 1792

DIRECTOIRE

CONSULAT

PREMIER EMPIRE
1804-1814/1815

LOUIS XVIII
dit « le Désiré »

1814-1824

Eliminée à cause de sa complicité avec les puissances ennemies, la monarchie revient en France « dans les fourgons de l'étranger » ! Cette formule montre bien le mépris dans lequel sont tenus ces souverains qui n'ont pas su restaurer eux-mêmes leur pouvoir. Ce sont les vainqueurs de Napoléon qui ont imposé Louis XVIII.

« Monsieur », comte de Provence, a émigré en 1791. En 1771, il a épousé Marguerite de Savoie. A la mort de Louis XVII le 8 juin 1795, il a pris le titre de roi, dans son exil. C'est un prince qui aime les lettres et a de l'esprit. Il se définit lui-même comme un vieillard infirme et cloué à son fauteuil par l'obésité et la goutte. C'est un prince « éclairé ». Sachant qu'il ne peut restaurer l'ancienne monarchie, il « octroie » la « Charte », sorte de Constitution qui stipule que le pouvoir exécutif appartient au roi seul et le pouvoir législatif aux deux chambres, celle des Pairs héréditaires et celle des Députés. Mais les émigrés ne l'entendent pas ainsi. Ils veulent retrouver leurs privilèges. Ils ignorent que si leur propre mentalité n'a pas évolué dans la conservatrice cour d'Autriche, celle du peuple français a connu les grands bouleversements de la Révolution, de l'Empire, du romantisme et que c'est à une France très en avance sur les idées de l'époque qu'ils ont affaire. Ils accumulent les maladresses... quand, brusquement on apprend le retour de Napoléon, le 1er mars 1815. Les bonapartistes de l'armée l'accueillent avec un grand enthousiasme et Louis XVIII s'enfuit en Belgique. Le « vol de l'Aigle » ne dure que cent jours, cent jours au cours desquels il a été vaincu à la bataille de Waterloo, et Paris occupé par les troupes anglo-prussiennes et russes.

Louis XVIII est rappelé, la Charte conservée, les émigrés retrouvent leurs prétentions odieuses et ridicules. Ils font régner la « terreur blanche » par des représailles sanglantes

LOUIS XVIII

contre les bonapartistes. La Chambre qui est élue est plus « royaliste que le roi », c'est une chambre « introuvable » formée d'« ultra-royalistes ». Après un an de règlements de compte, Louis XVIII la dissout à cause de ses excès. Une Chambre modérée ou « constitutionnelle » est élue. Decazes est Président du Conseil (l'équivalent de notre Premier Ministre actuel). Dès lors, le règne de Louis XVIII ne va être qu'une longue suite de discussions parlementaires qui ont pour but d'installer le gouvernement constitutionnel. Au cours des discussions, est apparu un parti d'opposition, les « Indépendants », bientôt appelés libéraux. Il rencontre de plus en plus de succès. Mais le 13 février 1820, le duc de Berry, neveu de Louis XVIII, et dernier descendant des Bourbons, est assassiné par un ouvrier républicain : « Le poignard qui a tué le duc de Berry est une idée républicaine », écrit Chateaubriand. Louis XVIII est contraint, dès lors, de renvoyer Decazes et les « ultra-royalistes » reviennent au pouvoir en une « Chambre retrouvée » avec Villèle comme Président du Conseil. Les républicains disparaissent de la vie publique et s'organisent en société secrète, la « Charbonnerie » (imitée des carbonari italiens). Leurs complots ne réussis-

CHARLES X

1824-1830

L'ASSASSINAT DU DUC DE BERRY, acte tragique à l'Opéra de Paris.
Le spectacle est un peu long pour la duchesse de Berry qui est enceinte. Son mari l'accompagne jusqu'à sa voiture. Quand il revient pour assister au baisser du rideau, un certain Louvel le frappe d'un coup de couteau. On étend le duc sur un lit, dans le théâtre. Il meurt à l'aube, en présence du Roi, son oncle, après avoir dit : « Grâce pour l'homme. » Cette mort inquiète l'Etat. Louis XVIII n'a pas d'enfants. Son frère n'a que des filles. L'enfant qui naîtra en septembre deviendra comte de Chambord, héritier du trône de France. *Paris. 13 février 1820.*

sent qu'à terroriser l'opinion et, au mois de septembre 1824, Louis XVIII meurt à Paris. Il est enterré à Saint-Denis. C'est le dernier souverain de France qui soit mort sur le trône. Les deux autres sont chassés par des révolutions et meurent à l'étranger.

Frère de Louis XVIII, il est sacré à Reims en 1825. Contre-révolutionnaire, chef du parti « ultra-royaliste », il veut supprimer la Charte, revenir à l'Ancien Régime. En 1789, il est un des premiers à émigrer pour chercher dans les cours étrangères des défenseurs à la royauté. En 1795, il tente de débarquer avec les Anglais à l'île d'Yeu sans succès. En 1814, il rentre à Paris avec les troupes alliées et participe aux négociations du premier traité de Paris. En 1773, il a épousé Marie-Thérèse de Savoie, à Versailles. C'est un homme de belle allure, passionné de chasse, mais qui n'a pas le sens de l'évolution historique.

Il le prouve en promulguant, dès son arrivée sur le trône, quatre lois anti-libérales : la loi du sacrilège qui punit les « crimes religieux » de mort, la loi du « milliard des émigrés » qui indemnise les anciens émigrés dont les révolutionnaires avaient confisqué les terres, le licenciement de la Garde Nationale, symbole de la Révolution, le rétablissement de la censure des journaux. Ces lois rencontrent une hostilité évidente. Les discussions à la Chambre s'enveniment. Chateaubriand injurie Villèle dans le « Journal des Débats ». Si bien que ce dernier dissout la Chambre des députés. Aux nouvelles élections, les « libéraux » l'emportent et Villèle démissionne en 1828.

Martignac le remplace. C'est un royaliste modéré qui fait des réformes nécessaires. Mais brusquement, il est congédié et remplacé par un ultra-royaliste virulent, ancien chouan, Polignac. Il représente tout ce que les « libéraux » détestent. Lorsqu'il réunit la Chambre en mars 1830, les députés votent l'« Adresse des 221 », qui est un avertissement au gouvernement. Au lieu de céder, le gouvernement se raidit et promulgue les quatre « ordonnances du 26 juillet 1830 », lois qui violent la Charte, car elles n'ont pas été votées par les Chambres. Charles X agit ainsi en roi absolu.

CHARLES X

Le 27 juillet, des barricades s'élèvent, les rues de Paris sont dépavées. Le roi est à Saint-Cloud. Le 28, les anciens Gardes Nationaux réapparaissent, prennent le drapeau tricolore. Le 29, le peuple s'empare du Palais-Bourbon (l'Assemblée) et du Louvre. Charles X retire les Ordonnances, mais c'est trop tard... Il abdique le 2 août 1830, en faveur de son petit-fils. Ces journées sont appelées « les trois Glorieuses ».

Les Républicains attendent que La Fayette proclame la République, mais le parti « orléaniste », défendu par Thiers, brillant journaliste, réussit à imposer Louis-Philippe : « Le duc d'Orléans est un prince dévoué à la cause de la Révolution. » Les députés qui redoutent la République, lui offrent donc le trône. Il vient à l'Hôtel de Ville, donne l'accolade à La Fayette, accepte le drapeau tricolore, et est proclamé roi des « Français ».

Charles X se retire en Ecosse, puis à Prague, enfin à Goeritz en Illyrie où il meurt du choléra le 6 novembre 1836.

LOUIS-PHILIPPE Ier
dit «le roi bourgeois», le «roi citoyen», «la poire»

1830-1848

Descendant du frère de Louis XIV, fils de Philippe Egalité, qui avait voté la mort de Louis XVI, Louis-Philippe Ier est un partisan sincère de la Révolution. En 1814, il rentre en France, mais « en disgrâce ». Au Palais-Royal, où il réside avec sa femme, Marie-Amélie des Deux-Siciles, il reçoit les mécontents du régime.

Une nouvelle forme de monarchie est inaugurée : la monarchie constitutionnelle. On l'appelle « la monarchie de Juillet ». Le « roi-bourgeois » ou « roi-citoyen » n'est plus sacré à Reims ; il prête serment à la « charte révisée », nouvelle Constitution dans laquelle le roi et les Chambres se partagent l'initiative des lois.

Le règne est inauguré par des réformes libérales, mais celles-ci ne durent pas. Rapidement Louis-Philippe dévoile son ambition et son goût du pouvoir en gouvernant avec le parti dit de « la résistance ». Il réprime durement les révoltes, celle des canuts (ouvriers de la soie) à Lyon, celle qui se terminera par le massacre de la rue Transnonain en 1834, à Paris. Il interdit les Associations et supprime l'année suivante, à la suite de l'attentat de Fieschi perpétré contre lui, les journaux républicains. Ne pouvant ni se réunir, ni s'exprimer par les journaux, l'opposition organise des « banquets » où, le bon vin aidant, de brillants orateurs reconstruisent en paroles la République.

L'instabilité ministérielle demeure jusqu'en 1836. Après les ministères de Casimir Périer et de Molé, Louis-Philippe hésite entre deux hommes : Thiers qui préconise une monarchie à l'anglaise où « le roi règne et ne gouverne pas » et Guizot pour qui « le trône n'est pas un fauteuil vide ». En octobre 1840, il choisit Guizot. Ce choix causera sa perte.

Guizot fait la sourde oreille aux requêtes constantes des républicains qui demandent deux réformes : une réforme parlementaire et une réforme électorale qui, en abaissant

RÉVOLUTION

DE 1830

27-28-29

juillet 1830

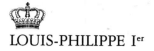

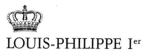

le minimum de fortune nécessaire pour être électeur, ou cens, permettait au peuple d'être mieux représenté à la Chambre. En janvier 1848, il est fortement attaqué à la Chambre. Devant le refus qu'il oppose à toute réforme libérale, une manifestation est organisée malgré l'interdiction du ministère de l'Intérieur. Le 23 février, c'est la Garde Nationale qui s'insurge et crie : « Vive la réforme, à bas Guizot ! » Le roi demande sa démission, mais le soir les soldats tirent et tuent seize manifestants. Les cadavres sont promenés toute la nuit

dans les rues de Paris. Le 24, c'est la révolution : aux cris de « Vive la République ! », le peuple occupe l'Hôtel de Ville et menace les Tuileries. Louis-Philippe abdique en faveur de son petit-fils, le comte de Paris. Cette fois les insurgés ne veulent plus de roi ; un gouvernement provisoire est formé en vue d'établir la République.

Louis-Philippe a été le dernier roi de France. Il gagne l'Angleterre où il prend le nom de comte de Neuilly. Il meurt en 1850 au château de Claremont, à l'âge de 77 ans.

LE LIEUTENANT-Gᴬᴸ LOUIS-PHILIPPE À L'HÔTEL DE VILLE.
Une fois encore, en juillet, devant l'Hôtel de Ville de Paris, un roi va recevoir les trois couleurs de la France des mains de la même personne, La Fayette : Louis XVI en 1789 reçoit la cocarde tricolore ; Louis-Philippe, son cousin, en 1830 y reçoit le drapeau. Il est vrai que ce représentant de la branche cadette des Bourbons n'est pas encore roi : aujourd'hui, 31 juillet, la Commission municipale est allé le chercher à sa résidence de Neuilly pour le nommer lieutenant-général du royaume. Dans quelques jours, le 7 août, la chambre des députés déclarera le trône vacant et appellera à y prendre place, ainsi que ses descendants à perpétuité, Louis Philippe d'Orléans. On entend parmi les vivats de la foule, des « Vive la Charte », « A bas les Bourbons ». ***31 juillet 1830.***

L'ATTENTAT DE FIESCHI À PARIS, explosion d'une colère ouvrière.
Le Roi a reçu des menaces. Des émeutes ouvrières ont eu lieu dans plusieurs villes de France. Mais il décide de passer en revue la Garde Nationale, le jour prévu. Une machine infernale explose sur son passage, boulevard du Temple. Parmi les victimes, il y a Mortier : ce Maréchal de l'Empire qui sauva les débris de la Grande Armée en Russie, est devenu son ministre de la Guerre. L'auteur de l'attentat, un Corse nommé Fieschi, est un républicain militant. Condamné à la peine de parricide — le Roi est considéré comme le père du peuple ! — il sera guillotiné le 16 février 1836 devant une foule immense. La réforme du Code pénal de 1832 lui évite d'avoir le poing droit coupé, avant d'être exécuté. ***28 juillet 1835.***

BOURBONS*

FIN

LES DEMEURES ROYALES

PARIS : PALAIS DES THERMES. Clovis fait de ce palais romain le siège de l'empire franc. Les deux fils de Clodomir y sont assassinés. Childebert y habite avec Frédégonde. Philippe Auguste le donne à son chambellan.

PARIS : L'ANCIEN LOUVRE (entièrement disparu). Philippe Auguste fait de cette forteresse le dépôt du trésor des rois. Louis IX l'agrandit. Charles V le hausse d'un étage ainsi que ses enceintes. Charles Quint y est reçu par François Ier juste avant que les travaux du nouveau Louvre ne commencent.

PARIS : PALAIS DE LA CITÉ. Demeure des comtes de Paris, ce palais est habité par le roi Eudes. Hugues Capet y meurt et Robert le Pieux le fait rebâtir. Louis IX fait construire la Sainte Chapelle et Philippe le Bel des tours et le logis du « Concierge ». Charles VII y installe le Parlement de Paris. Les nouveaux bâtiments sont dus à Louis XVI : sa femme, Marie-Antoinette, sera enfermée à la Conciergerie en 1793.

PARIS : NOUVEAU LOUVRE. Commandé et commencé par François Ier, le palais continue à s'agrandir tout au long des règnes des Valois. Charles IX y ordonne le massacre de la Saint-Barthélemy, le 24 août 1572. Henri IV bâtit l'immense galerie qui longe la Seine. Louis XIV le ferme, à l'est, par une colonnade construite par Perrault entre 1665 et 1670, mais n'y habite pas. Le Louvre sera achevé en 1855 par la construction de l'aile Rivoli.

PARIS : PALAIS DES TUILERIES (entièrement détruit). Avant d'être réuni au Louvre qui s'agrandit, ce palais appartient à Catherine de Médicis qui le fait bâtir sur l'emplacement d'une fabrique de tuiles. Commencé en 1564, habité quelque temps par Louis XIV, le palais ne devient résidence royale qu'à partir de Louis XV. Le peuple de Paris vient y chercher Louis XVI le 10 août 1792. Louis XVIII y meurt en 1824. La révolution de 1830 en chasse Charles X et celle de 1848, Louis-Philippe. Incendié pendant la Commune en 1871.

PARIS : PALAIS DU LUXEMBOURG. Il est construit à partir de 1615 par Marie de Médicis, veuve d'Henri IV, mère de Louis XIII : elle veut retrouver à Paris l'image de son palais ducal de Florence. Le domaine appartient au duc de Piney-Luxembourg, d'où son nom. Louis XVI l'achète et le donne à son frère, le futur Louis XVIII. Siège du Directoire puis palais du Consulat, il est aujourd'hui le Sénat.

PARIS : PALAIS ROYAL. Richelieu fait construire ce luxueux palais et le donne à Louis XIII. Il sera habité par Anne d'Autriche et son jeune fils Louis XIV : le Palais Cardinal devient alors Palais Royal. Louis XIV en fait don à son frère, Philippe d'Orléans. A la suite d'un incendie en 1763, Philippe Égalité, père du futur roi Louis Philippe, le fait reconstruire et remplace les galeries latérales de bois par de nouvelles galeries vitrées.

SAINT-GERMAIN-EN-LAYE. Ce château fort de Louis le Gros devient le manoir de Louis VIII et la demeure temporaire de Louis IX. François I er le transforme. Henri IV en fait un château neuf. Louis XIV y naît et aime ce lieu avant d'aller habiter Versailles.

VINCENNES. Philippe Auguste, en 1183, entoure de murailles ce manoir de Louis VII. Louis IX aime y vivre. Louis X le Hutin et son frère Philippe V y meurent (1316 et 1322). François I er fait construire la chapelle. Sous Louis XI, Vincennes devient prison d'état. Charles IX vient y mourir. Louis XIV ajoute deux vastes pavillons où Racine fait jouer Bérénice, en 1669.

FONTAINEBLEAU. D'abord maison de chasse de Robert le Pieux, puis manoir de Cour, embelli par Charles VII, Fontainebleau devient château royal sous François I er. Henri IV double les bâtiments. Louis XIII y naît en 1601. C'est là que Louis XIV signe la révocation de l'édit de Nantes. Louis XVI et Charles X viennent y chasser. Louis-Philippe le restaure.

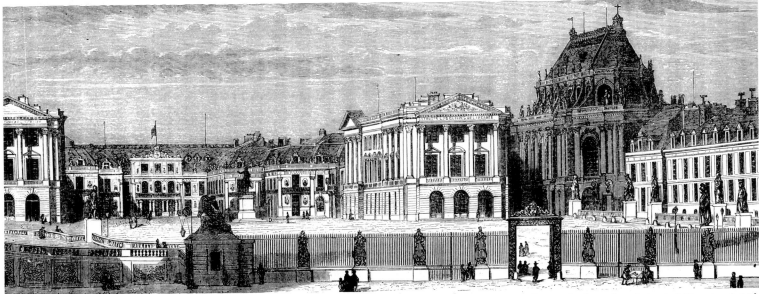

VERSAILLES. D'abord pavillon de chasse, puis modeste château de Louis XIII, Louis XIV en fait une somptueuse demeure. Il garde le premier château qui devient le centre du nouveau, en souvenir de son père. Les travaux commencent en 1663, la Galerie des Glaces est terminée en 1684 ! Louis XV et Louis XVI font réparer les bâtiments qui s'abîment. Le 6 octobre 1789, le peuple de Paris vient y chercher le « boulanger » et sa famille. Versailles est vidé. Louis-Philippe en fait un musée « à toutes les gloires de la France ».

COMPIÈGNE. Clotaire meurt dans cette résidence carolingienne. En 876, Charles le Chauve veut en faire sa capitale, Carlopolis. Louis IV et Charles V l'agrandissent. Le château actuel est construit sous Louis XV.

SAINT-CLOUD (incendié en 1870). Construit par les Gondi au XVI e siècle, Henri III y est assassiné en 1589. Louis XIV en fait cadeau à son frère, Philippe d'Orléans. Louis XVI le rachète pour Marie-Antoinette. Charles X l'agrandit. Chopin y joue ses « nocturnes » devant Louis-Philippe.

CHINON (à l'état de ruines). Forteresse des premiers princes francs, Chinon passe à la maison d'Anjou et, par alliance, à la couronne d'Angleterre. Philippe Auguste s'en empare en 1206. Charles VII y établit sa « petite cour : Jeanne d'Arc vient l'y reconnaître. C'est là que Louis XII apprend qu'il peut divorcer de Jeanne la Boiteuse. Richelieu l'achète.

AMBOISE (en grande partie démoli). Louis d'Amboise perd son domaine à la suite d'une conjuration contre Charles VII. Devenu royal, le château voit naître et grandir Charles VIII (ce roi en fait une somptueuse demeure et y meurt en 1498), puis François 1er (son invité, Léonard de Vinci, y meurt en 1519). Louis XV en fait cadeau à Choiseul.

LOCHES. Construite par Henri II Plantagenêt, roi d'Angleterre, prise par Philippe Auguste en 1205, cette forteresse est achetée par Louis IX. Jean le Bon s'y arrête sur sa route vers Poitiers. Charles VII y vient, comme « roi de Bourges », accompagné de sa favorite, la belle Agnès Sorel. Louis XI en fait une prison d'état : on dit que le cardinal La Balue y passa onze ans dans une étroite cage !

BLOIS. Les fils cadets des rois de France reçoivent cette forteresse féodale en « apanage », c'est-à-dire en compensation de l'héritage du trône qui revient à l'aîné. Charles d'Orléans devient père à 71 ans : son fils devient roi sous le nom de Louis XII. Blois devient ainsi résidence royale et s'agrandit d'une aile Renaissance. François 1er en ajoute une autre. Henri III y fait assassiner le duc de Guise. Catherine de Médicis y meurt l'année suivante. Louis XIV l'anime d'une fête en 1668.

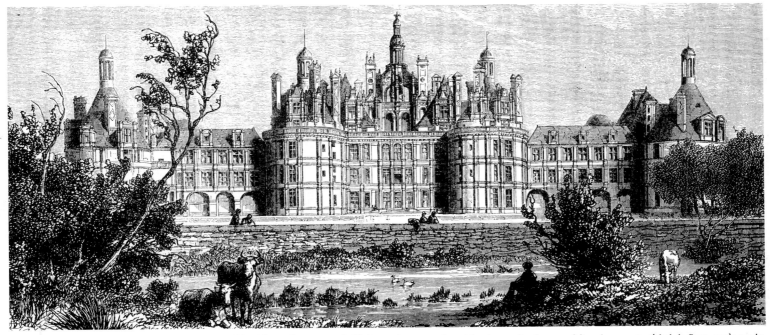

CHAMBORD. Louis XII annexe au domaine royal le château des comtes de Blois. François 1er le démolit et fait construire le château actuel, de 1519 à 1539. Il y vient souvent. François II et Charles IX y chassent à courre. Molière y joue le « Bourgeois Gentil-homme » devant Louis XIV. Louis XV en fait cadeau au maréchal de Saxe, après sa victoire de Fontenoy (1745). Une souscription nationale permet de l'offrir en 1821 au comte de Chambord, fils posthume du duc de Berry et héritier du trône de France.

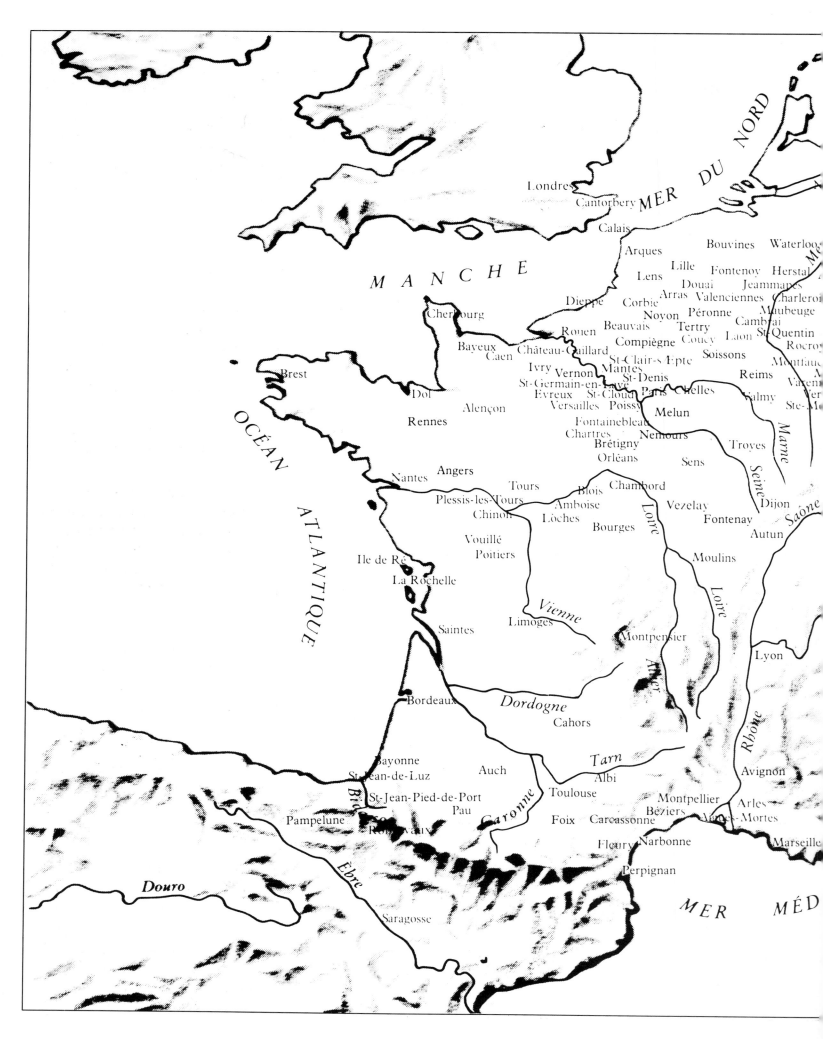

MER DU NORD

Londres
Cantorbery
Calais
Arques
Bouvines   Waterloo
Lens   Lille   Fontenoy   Herstal
Dieppe   Corbie   Douai   Jeammapes
Arras   Valenciennes   Charleroi
Noyon   Péronne   Maubeuge
Ronen   Beauvais   Tertry   Cambrai
Compiègne   Coucy   Laon   St-Quentin   Rocro
Château-Gaillard   St-Clair-s-Epte   Soissons
Caen   Ivry   Vernon   Mantes   St-Denis   Reims   Varen
St-Germain-en-Laye   Paris   Chelles   Valmy   Ver
Evreux   St-Cloud   Ste-M
Alençon   Versailles   Poissy   Melun
Fontainebleau   Troyes
Chartres   Nemours
Brétigny   Sens
Orléans   Chambord
Vezelay   Dijon
Blois   Amboise   Fontenay   Autun
Plessis-les-Tours   Lôches   Bourges
Chinon   Moulins
Vouillé   Poitiers
Limoges   Montpensier   Lyon
Saintes   Dordogne
Bordeaux   Cahors
Tarn   Avignon
Bayonne   Auch   Albi   Arles
St-Jean-de-Luz   Toulouse   Montpellier
St-Jean-Pied-de-Port   Béziers   Aigues-Mortes
Pau   Foix   Carcassonne
Pampelune   Roncevaux   Fleury   Narbonne   Marseille
Perpignan
Ebre
Douro
Saragosse

MER MÉD

MANCHE
Cherbourg
Bayeux
Brest
Dol
Rennes
OCÉAN ATLANTIQUE
Nantes   Angers
Tours
Ile de Ré
La Rochelle
Vienne
Loire
Seine
Marne
Saône
Allier
Rhône
Caronne

92

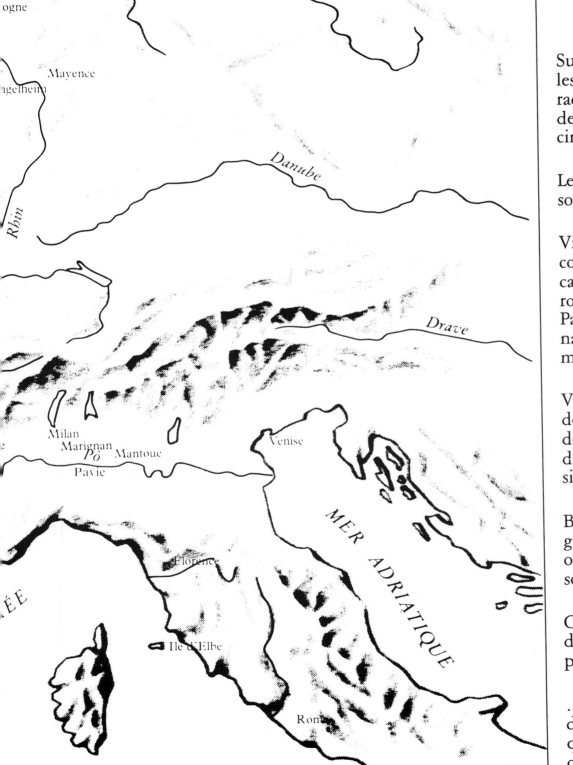

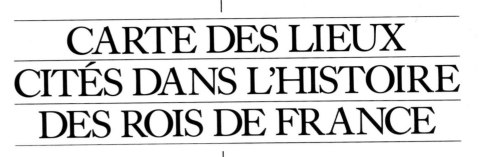

Sur cette carte ont été situés les principaux lieux qui racontent l'Histoire des Rois de France tout au long des cinq dynasties régnantes.

Les frontières de la France sont les frontières actuelles.

Villes de baptêmes, de couronnements ou de sacres, capitales des provinces ou du royaume lui-même avant que Paris ne fût choisi, lieux de naissance, de mariage ou de mort.

Villes de victoires ou de défaites. Villes et villages devenus célèbres à cause d'un vase brisé, d'un traité signé ou d'un roi arrêté.

Bourgades perdues près des grands champs de batailles ou des lieux d'entrevues solennelles.

Châteaux d'amour, châteaux de meurtre, châteaux prisons, châteaux de sièges...

... sans oublier les lieux devenus légendaires parce qu'un héros y sonna du cor ou un roi y rendit la justice.